Unsere Partyküche

GERICHTE, DIE IMMER GELINGEN – FÜR GROSSE UND KLEINE FESTE

Lieblingsrezepte von Leserinnen und Lesern der Ludwigsburger Kreiszeitung und ihrer Regionalausgabe Neckar- und Enzbote

Verlag Ungeheuer + Ulmer, Ludwigsburg.

Unsere Partyküche.
Gerichte, die immer gelingen –
für große und kleine Feste.

Lieblingsrezepte von Leserinnen und Lesern
der Ludwigsburger Kreiszeitung und ihrer
Regionalausgabe Neckar- und Enzbote.
Herausgegeben von der Ludwigsburger Kreiszeitung.

Satz, Druck und Verlag:
Ungeheuer+Ulmer KG GmbH + Co.
Verlag. Druckerei. Plakatinstitut.
Ludwigsburg.
Gestaltung: Anja Hammer.

Fotos: Thomas Müller, Tamm.

Der Abdruck, auch auszugsweise,
ist nur mit ausdrücklicher Genehmigung
des Verlages Ungeheuer+Ulmer gestattet.

© 2013. Verlag Ungeheuer+Ulmer KG GmbH + Co.
Körnerstraße 14–18, 71634 Ludwigsburg.
Telefon (07141) 130-0.

ISBN 978-3-930872-81-7

Inhaltsverzeichnis

Anitas schnelles Gästerezept	Anita Hofmann	4
Antipasti-Röllchen	Bianca Laur	6
Apfel-Tiramisu für Erwachsene	Ute Mecheels	8
Asiatische Linsensuppe	Peter Thum	10
Baguettebrote	Else Kroll	12
Bärlauch-Blätterteigtaschen	Franziska Ziegler	14
Chili con Carne mit Zartbitterschokolade	Kirsten Wolber-Schieber	16
Dips	Else Kroll	18
Feuriger Ratzfatz-Salat	Uschi Genthner	20
Früchte im Joghurtbad	Elli Binkele	22
Gebäck aus Quark-Öl-Teig	Brigitte Schlichter	24
Gefüllte „Fliegenpilze"	Peter Thum	26
Gefüllte Zucchini	Erika Hermann	28
Hähnchen in Tomatensoße	Sigrid Sturhahn	30
Hohenloher Blootz	Renate Kayser	32
Italienische Antipasti aus dem Backofen	Barbara Heim	34
Joghurtcreme	Ursula Thiel	36
Knusperoliven	Cosima Haidorfer-Schmider	38
Lachsröllchen	Sabine Beyer	40
Lachsrolle mit Spinat und Frischkäse	Marianne Danner	42
Mango Mozzarella – Ein Genuss der Sinne	Heike Wagner	44
Mango-Tiramisu	Andrea Kriegisch	46
Mediterraner Nudelsalat	Brigitte Urbisch	48
Ofensuppe	Almut Richter	50
Paprikastreifen mit Frischkäsefüllung	Ursula De Noni	52
Parmesan-Muffins mit Avocado-Füllung	Peter Thum	54
Partybrötchen	Irene Bischof	56
Paté auf Sherryzwiebeln	Ulla Sippel	58
Pfundstopf	Brigitte Bäuerle	60
Pikante Blätterteigfinger	Ute Mecheels	62
Pizzaschnecken	Heide Schmid	64
Pizza-Semmel	Uschi Balz	66
Polpette-Spießchen	Franziska Ziegler	68
Röstischnitzel	Ellen Hammer	70
Salzige Kartoffelhörnchen	Claudia Reibel	72
Schinkenhörnchen	Susanne Haumann	74
Schnelle Käsestangen	Ursula De Noni	76
Sellerie-Cordon-bleu mit Kartoffel-Karotten-Brei	Herbert Hladik	78
Soljanka	Carola Scholz	80
Spargelsalat	Andrea Kriegisch	82
Tabbouleh – Tomatensalat mit Bulgur	Kirsten Wolber-Schieber	84
Tortellini-Salat	Irene Bischof	86
Überbackenes Nudelgulasch	Brigitte Bäuerle	88
Weiße Schokoladenmousse mit Erdbeeren	Elvira Gall	90

Anitas schnelles Gästerezept

Anita Hofmann

ZUTATEN

3 Packungen	Rösti (aus dem Supermarkt, nicht selbst zubereiten!)
2 Becher	Schmand oder saure Sahne
250 g	geriebener Käse (Emmentaler oder Edamer)
10 Scheiben	Leberkäse (fingerdick geschnitten)
	Salz
	Pfeffer

ZUBEREITUNG

Die Rösti mit Schmand und Käse verrühren und kräftig mit Salz und Pfeffer abschmecken. Die Fleischscheiben nebeneinander auf ein leicht gefettetes Backblech legen und die Kartoffelmasse darauf verteilen.

Im vorgeheizten Backofen bei 200 Grad etwa 15 bis 20 Minuten backen, bis die Röstimasse eine goldbraune Farbe bekommen hat.

Passend dazu einen grünen Salat und ein Baguette reichen.

Tipp:
Wer es rezenter mag, kann Spätzles-Käse verwenden (Emmentaler und Bergkäse gemischt!)

Antipasti-Röllchen

Bianca Laur

ZUTATEN (FÜR 6–8 PERSONEN)

- 2 große Zucchini (etwa 500 g)
- 150 g Spinat
- 150 g Schafskäse
- 250 ml Flasche Knoblauchsoße rot
- 4 EL Olivenöl
- Öl für das Blech
- Salz

ZUBEREITUNG

Zucchini waschen, putzen und der Länge nach in dünne Scheiben schneiden. Die Scheiben nebeneinander auf ein Tablett legen, mit Salz bestreuen und 5 bis 10 Minuten ziehen lassen. Den Spinat waschen und in kochendem Salzwasser einige Minuten blanchieren. Anschließend abgießen, kalt abschrecken und gut abtropfen lassen. Den Spinat eventuell grob hacken.
Den Schafskäse würfeln. Die Zucchinischeiben trockentupfen und mit der Knoblauchsoße bestreichen. Spinat und Schafskäse darauf verteilen. Die Zucchinischeiben aufrollen und mit kleinen Holzspießen zusammenstecken. Die Röllchen auf ein geöltes Backblech legen, mit Olivenöl beträufeln und dann im vorgeheizten Backofen bei 200 Grad ca. 15 Minuten backen.

Apfel-Tiramisu für Erwachsene

Ute Mecheels

ZUTATEN

1 Packung	Löffelbiskuits (gezuckert, ca. 20 Stück)
2 Gläser	Apfelmus
4 EL	Calvados
500 g	Mascarpone
1 Packung	Bourbonvanillezucker
120 g	Zucker
4	frische Eier

ZUBEREITUNG

Eine Auflaufform mit den Löffelbiskuits auslegen. Das Apfelmus mit dem Calvados mischen und auf die Biskuits streichen. Die Eier trennen und die Eiweiße mit einer Prise Salz zu Eischnee schlagen. Den Mascarpone mit Zucker, Vanillezucker und Eigelben verrühren und den Eischnee unterheben. Die Mascarponecreme auf das Apfelmus streichen.
Die Nachspeise einige Stunden gut durchkühlen und durchziehen lassen.
Vor dem Servieren nach Belieben mit Kakao bestäuben oder mit ganz dünnen, in Zitronensaft marinierten Apfelscheibchen (gerne mit roter Schale, weil das sehr hübsch aussieht) dekorieren.

Asiatische Linsensuppe

Peter Thum

ZUTATEN

1 Stange	Lauch (in 1 cm große Stücke geschnitten)
3	große Karotten (in schräge Scheiben geschnitten)
2 EL	frischer Ingwer, gerieben
1 Dose	Kokosmilch (400 ml)
150 g	rote Linsen
	Curry
	Pfeffer
	Salz
	Chili
	Muskat
	Petersilienblätter

ZUBEREITUNG

Alle Zutaten außer den Gewürzen zusammen bissfest garen, bei gelegentlichem Umrühren. Mit den Gewürzen abschmecken und beim Servieren mit den Petersilienblättern garnieren.

Baguettebrote

Else Kroll

ZUTATEN
Speckwürfel, Zwiebeln, Lauch, Salz, Pfeffer, Muskat, Crème fraîche, Petersilie, Schnittlauch, Käse

Nach Bedarf:
Shrimps, Sauerrahm, Frischkäse, Champignons

ZUBEREITUNG
Speck in etwas Butter anbraten, die Zwiebeln darin glasig dünsten, dann den fein geschnittenen Lauch zugeben. Die Masse abkühlen lassen, mit den Gewürzen, Kräutern und Crème fraîche abschmecken. Nun auf durchgeschnittene Baguettebrote streichen und mit dem geriebenen Käse bestreuen. Im vorgeheizten Backofen bei 200 Grad ca. 15 Minuten knusprig überbacken.

Die Baguettebrote schmecken auch mit Shrimps oder Champignons.

Mit Shrimps:
Für die Shrimps-Variante die Speckwürfel, Schnittlauch und den Lauch weglassen und stattdessen zur Crème fraîche noch Sauerrahm und Frischkäse zugeben. Shrimps am Ende zur Zwiebelmasse zugeben, dann wie gewohnt die Brote bestreichen und überbacken.

Mit Champignons:
Für die Champignon-Baguettebrote Zwiebeln und Frühlingszwiebeln in Butter andünsten und klein geschnittene Champignons und Petersilie zugeben, evtl. mit etwas Mehl binden. Abschmecken und wie gewohnt auf die Brote streichen und überbacken.

Bärlauch-Blätterteigtaschen

Franziska Ziegler

ZUTATEN

1 Packung	Blätterteig
20 g	Butter
200 g	Feta-Käse
1	Eigelb
eine Handvoll	Bärlauch

ZUBEREITUNG

Bärlauch fein schneiden, in Butter leicht andünsten. Fetakäse in kleine Würfel schneiden und kurz zum Bärlauch geben, auskühlen lassen. Aus dem Blätterteig Kreise mit einem Durchmesser von ca. 7 cm ausstechen. Auf die eine Hälfte des Kreises circa einen Teelöffel Bärlauch-Käse-Gemisch geben und zusammenklappen. Das Täschchen mit Eigelb bestreichen und bei 200 Grad ca. 20 Minuten goldgelb backen.

Die Taschen müssen nicht zusätzlich gewürzt werden, der Bärlauch und der Käse sind würzig genug!

Chili con Carne mit Zartbitterschokolade

Kirsten Wolber-Schieber

ZUTATEN (FÜR 6 PORTIONEN):

500 g	Rinderhackfleisch
2 EL	Olivenöl
1	große Gemüsezwiebel
2	Knoblauchzehen, gehackt
3	rote Chilischoten, gehackt
1	rote Paprikaschote, fein gewürfelt
1 EL	Tomatenmark
500 ml	Gemüsebrühe
3 Dosen	geschälte Tomaten (jwls. 425 g)
250 g	Kidney-Bohnen (aus der Dose)
100 g	Mais (aus der Dose)
50 g	Zartbitterschokolade, geraspelt
1 EL	Crème fraîche
2	Lorbeerblätter
	grobes Meersalz
	Pfeffer
	Cayennepfeffer
	Basilikumblätter
	Öl

ZUBEREITUNG

Das Hackfleisch im heißen Öl mit Zwiebeln und Knoblauch einige Minuten unter Rühren anbraten. Anschließend Chilischoten, Paprika, Tomatenmark und Cayennepfeffer zugeben und eine Minute anschwitzen.
Die Gemüsebrühe zugeben. Tomaten und Lorbeerblätter zufügen, kurz umrühren und mit geschlossenem Deckel 30–40 Minuten bei mittlerer Hitze kochen lassen.
Kurz vor Ende der Garzeit die Kidney-Bohnen und den Mais in einem Sieb kalt abspülen, mit der Schokolade zum Chili geben. Nochmals 2–3 Minuten kochen lassen. Mit Salz und Pfeffer würzen.

Zum Anrichten das Chili in Schüsseln geben und mit etwas Crème fraîche und frischem Basilikum garnieren.

Dips

Else Kroll

Schwiegermutterkäse

ZUTATEN

200 g	Schafskäse
200 g	Frischkäse Paprika scharf (z. B. von Brunch)
3 EL	Olivenöl
3	kleine Chilischoten (getrocknet)
	schwarze Oliven (getrocknet)
3	Knoblauchzehen (zerdrückt)
1–2 EL	Zitronensaft/Weißweinessig
3 TL	Paprikapulver

ZUBEREITUNG

Schafskäse, Frischkäse und Olivenöl mit einer Gabel zerdrücken und vermischen. Chilischoten, Oliven und Knoblauch klein hacken und unterrühren. Mit Zitronensaft und Gewürzen abschmecken, evtl. mit Salz und Pfeffer nachwürzen.

Lachscreme

ZUTATEN

200 g	Lachs
1 Packung	Philadelphia
½ Becher	süße Sahne
	Dill

ZUBEREITUNG

Lachs, Philadelphia und Sahne mit dem Pürierstab zerkleinern und mixen. Mit Dill anrichten.

Avocadocreme

ZUTATEN

1	reife Avocado
1	Knoblauchzehe
½	Zitrone (Saft)
1 Becher	Schmand/Crème fraîche
1 EL	Meerettich
	Tabasco, Pfeffer und Salz

ZUBEREITUNG

Alle Zutaten mit dem Pürierstab zerkleinern und mixen.

Feuriger Ratzfatz-Salat

Uschi Genthner

ZUTATEN
- 1 Dose Gemüsemais
- 1 Dose rote Kidneybohnen
- 1 Flasche Salsa-Sauce
- 1 rote Paprika
- 1 gelbe Paprika

Nach Bedarf:
Gebratene Putenstreifen

ZUBEREITUNG
Dosen öffnen und Flüssigkeit abgießen.
Mais und Kidneybohnen mit der Salsa-Sauce mischen.
Die Paprika waschen, putzen und in kleine Würfel schneiden. Alles vermischen und umrühren.
Gegebenenfalls gebratene Putenstreifen dazugeben.

Der Salat kann schon am Vortag zubereitet werden und schmeckt auch noch einen Tag später!

Gebäck aus Quark-Öl-Teig

Brigitte Schlichter

ZUTATEN (FÜR CA. 45 STÜCK)
Teig:

150 g	Quark
6 EL	Öl
1	Ei
2 EL	Milch
300 g	Mehl
1 Packung	Backpulver
	Salz

Füllung:
Saure Sahne
Kräutersalz
Schinkenwürfel
Geriebener Käse

Varianten:
Passierte Tomaten, Salami oder was der Kühlschrank hergibt

ZUBEREITUNG
Den Teig möglichst viereckig auswellen (wie bei Schneckennudeln). Mit der sauren Sahne bestreichen und den gewürfelten Schinken, Käse und Kräutersalz darüberstreuen. Den Teig aufrollen und in Schneckennudeln schneiden. Bei Ober-/Unterhitze mit 180 Grad goldbraun backen.

Gefüllte „Fliegenpilze"

Peter Thum

ZUTATEN
Reife mittelgroße Tomaten
Kräuterfrischkäse
Mayonnaise

ZUBEREITUNG
Die Deckel der Tomaten abschneiden und aushöhlen. Mit Kräuter-Frischkäse bis über den Rand füllen und Deckel aufsetzen. Mit Mayonnaise-Tupfern den Deckel als Fliegenpilz dekorieren.

Die „Pilze" können auch statt mit Kräuter-Frischkäse zum Beispiel mit einer gewürzten Hackfleisch-Masse gefüllt werden.

Gefüllte Zucchini

Erika Hermann

ZUTATEN

4	mittelgroße Zucchini
2	kleine Zwiebeln, klein geschnitten
500 g	gemischtes Hackfleisch
2 Dosen	geschälte Tomaten
100 g	geriebener Emmentaler
50 g	Margarine
250 ml	Gemüsebrühe

Gewürze:
Salz, 1 TL Senf, 2 TL Tomatenmark, Muskat, 1 TL Oregano, Pfeffer, 1 TL Paprika edelsüß, Petersilie getrocknet oder 1 Sträußchen, klein geschnitten

ZUBEREITUNG

Die Zucchini waschen, putzen, der Länge nach halbieren und mit einem Löffel aushöhlen. Das Ausgehöhlte mit einer geschnittenen Zwiebel kurz anbraten. Das Hackfleisch getrennt anbraten, dann mit dem Zucchinifleisch mischen.

Danach die Tomatensoße herstellen: Margarine in die Pfanne geben und die zweite geschnittene Zwiebel anbraten, mit der Gemüsebrühe ablöschen. Die geschälten Tomaten zugeben und würzen. Alles gut miteinander vermischen.

Die Tomatensoße in eine feuerfeste, längliche Form füllen. Die ausgehöhlten Zucchini mit der Hackfleisch-Zucchini-Masse füllen und hintereinander in die Tomatensoße legen, mit der gefüllten Seite nach oben. Zum Schluss den Emmentaler über die gefüllten Zucchini streuen. Im vorgeheizten Backofen bei 200 Grad etwa 30 Minuten backen, bis der Käse braun geworden ist.

Baguette dazu reichen.

Tipp:
Das Rezept kann man gut vorbereiten!

Hähnchen in Tomatensoße

Sigrid Sturhahn

ZUTATEN (FÜR 4 PERSONEN)

600 g	Hähnchenbrustfilet
2 EL	Olivenöl
1	Knoblauchzehe gepresst
½	Paprikaschote
1 Beutel	Feinschmecker-Tomatencreme-Suppe Mallorca von Knorr
400 ml	Wasser
1 Becher	Crème fraîche
1 Bund	Basilikum
	Salz
	Pfeffer

ZUBEREITUNG

Hähnchenbrustfilet unter fließendem kaltem Wasser abwaschen, mit Küchenkrepp trockentupfen. Filet erst teilen, mit einem scharfen Messer quer in Streifen schneiden. Mit dem Olivenöl und der gepressten Knoblauchzehe vermischen. Paprikaschote klein würfeln. Alles rundherum kurz in einer heißen Pfanne anbraten und in eine gefettete Auflaufform legen, salzen und pfeffern.
Tomatensuppenpulver mit 400 ml Wasser und Crème fraîche oder saurer Sahne gut verrühren und über das Fleisch gießen.
Die Backzeit beträgt ca. 30 Minuten im vorgeheizten Backofen bei 180 bis 200 Grad Heißluft. Vor dem Servieren mit gehacktem Basilikum bestreuen.
Am besten dazu schmecken Reis, Nudeln, Baguette oder grüner Salat.

Tipp:
Für 8 Personen die doppelte Menge verwenden, dann ist es sinnvoll, in zwei Auflaufformen bei Heißluft zu braten.

Hohenloher Blootz

Renate Kayser

ZUTATEN

500 g	Brotbackmischung (Roggenfertigmischung oder Bauernbrot)
1 Becher	Sauerrahm
1 Stange	Lauch
	Speck nach Bedarf
	Salz
	Pfeffer

ZUBEREITUNG

Aus der Brotbackmischung einen Brotteig herstellen und gehen lassen. Währenddessen den Lauch putzen und fein schneiden und zusammen mit Sauerrahm, Salz und Pfeffer vermischen. Den Teig ausrollen und mit dieser Masse bestreichen, dann den Speck darauf verteilen. Im vorgewärmten Backofen bei 250 Grad 20–25 Minuten backen.

Italienische Antipasti aus dem Backofen

Barbara Heim

ZUTATEN (FÜR 6 PERSONEN):

1–2	Auberginen
3	Zucchini
3	Paprikaschoten gelb u. rot
500 g	Champignons
5	Zwiebeln

Für die Marinade:

3 EL	Balsamico Bianco
250 ml	hochwertiges Olivenöl
4–5	Knoblauchzehen
	Rosmarin und Thymian (frisch oder getrocknet)
	Kräutersalz

ZUBEREITUNG

Die Knoblauchzehen in den Balsamico pressen und mit dem Zauberstab fein pürieren. Dann das Olivenöl, die Kräuter und das Salz untermischen. Die Marinade mindestens 2 Stunden im Kühlschrank durchziehen lassen. Die Auberginen der Länge nach in ca. 0,5 cm dicke Scheiben schneiden, mit Salz bestreuen. Nach 5 Minuten mit Küchenpapier trockentupfen und in einer Steakpfanne (das gibt ein schönes Muster) in wenig Olivenöl anbraten. Dann ziegelartig auf ein tiefes Backblech legen. Den Backofen auf 180 Grad vorheizen. Das übrige Gemüse waschen und in grobe Stücke schneiden. Die Gemüsestücke ebenfalls auf das tiefe Backblech geben, noch etwas mit Kräutersalz bestreuen und die Marinade mit einem Esslöffel gleichmäßig über dem Gemüse verteilen. Rosmarin und Thymian darüberstreuen. Ca. 15 Minuten backen, dann den Backofen ausschalten, das Gemüse aber noch ca. 60 Minuten im Backofen lassen. Dabei die Backofentür nicht öffnen!

Das Gemüse auf einer Platte anrichten. Eventuell noch Oliven und Schafskäse dazureichen. Das Gemüse passt hervorragend zum Grillen, als Vorspeise oder einfach nur so zu Baguette.

Joghurtcreme

Ursula Thiel

ZUTATEN (FÜR 4 PERSONEN)
- 600 g Naturjoghurt 1,5 % Fett
- 200 g Magerquark
- 100 g Zucker
- 400 ml süße Sahne

ZUBEREITUNG

Joghurt, Quark und Zucker miteinander verrühren. Sahne steif schlagen und unter die Joghurtmasse heben. Ein Sieb mit einem Geschirrtuch auslegen und auf eine größere Schüssel (dient als Ablauf) stellen. Die Masse in das Sieb füllen und über Nacht kühl stellen.
Zum Servieren die Masse auf eine Platte stürzen und mit Früchten umgeben, Erdbeeren sehen z. B. super aus.

Knusperoliven

Cosima Haidorfer-Schmieder

ZUTATEN (FÜR CA. 40–50 STÜCK)

- 150 g Mehl (Type 405)
- 125 g Butter
- 250 g Goudakäse (oder ähnlichen)
- 200 g Oliven, abgetropft (mit oder ohne Füllung)
- Salz
- Paprikapulver

ZUBEREITUNG

Aus geraspeltem Käse, Mehl, Butter, Paprika und ein wenig Salz einen Mürbeteig bereiten. Den Teig 30 Minuten kühl stellen. Den Backofen auf 210 Grad vorheizen.
Aus dem Teig Rollen formen (2,5 cm) und in 1 cm dicke Scheiben schneiden. Jeweils eine Olive eindrücken und den Teig drumherum zu einer Kugel formen.
Auf ein mit Backpapier belegtes Backblech geben und ca. 20 Minuten backen.
Zum Servieren eventuell auf Zahnstocher spießen.

Tipp:

Man kann auch verschiedene Sorten mit unterschiedlicher Füllung nehmen. Schmeckt auch noch am nächsten Tag.

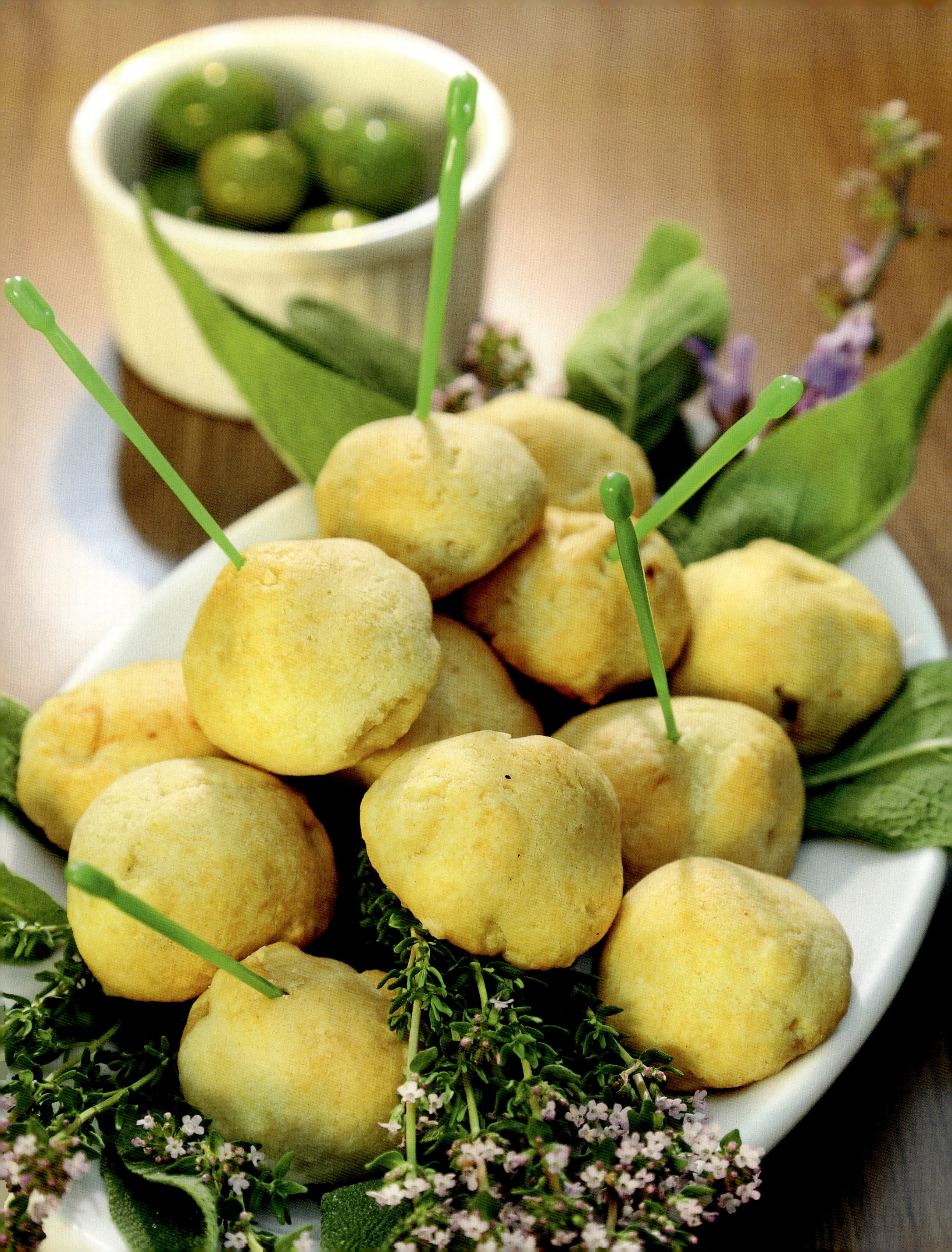

Lachsröllchen

Sabine Beyer

ZUTATEN

200 g	Frischkäse
200 g	Räucherlachs
2 EL	Sahne
2–3 Blatt	Gelatine
	Dill, gehackt
	Meerrettich
	Salz
	Pfeffer

ZUBEREITUNG

Die Gelatine einweichen und auflösen. Erst mit 4 EL Frischkäse und dann mit den anderen Zutaten verrühren. Den Lachs auf einer Folie im Viereck auflegen, die Creme darauf verstreichen. Nun aufrollen und im Kühlschrank fest werden lassen.

Dazu schmeckt Toast.

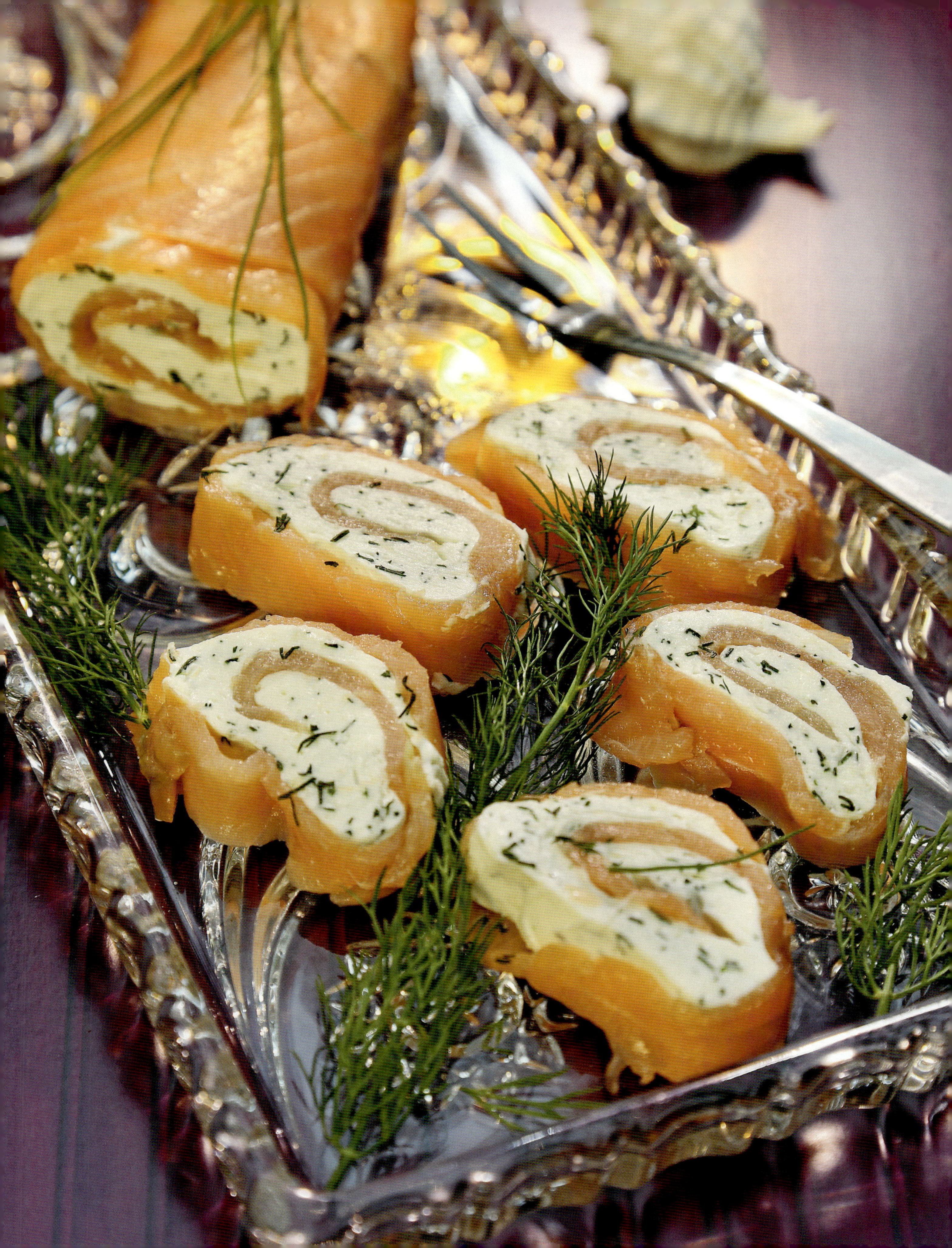

Lachsrolle mit Spinat und Frischkäse

Marianne Danner

ZUTATEN

- 540 g Rahmspinat
- 400 g geriebener Käse (Gouda, Emmentaler)
- 3 Eier Größe M
- 200 g Frischkäse
- 200 g geräucherter Lachs

ZUBEREITUNG

Den Rahmspinat mit den Eiern verquirlen und auf ein mit Backpapier ausgelegtes Backblech streichen. Den geriebenen Käse darüberstreuen und im vorgeheizten Backofen bei 200 Grad ca. 15 Minuten backen lassen. Sobald der Käse leicht gebräunt ist, auskühlen lassen. Die ausgekühlte Masse mit dem Frischkäse bestreichen und mit dem geräucherten Lachs belegen. Das Ganze zu einer Rolle formen und in Alufolie verpackt 8 Stunden kühlen.

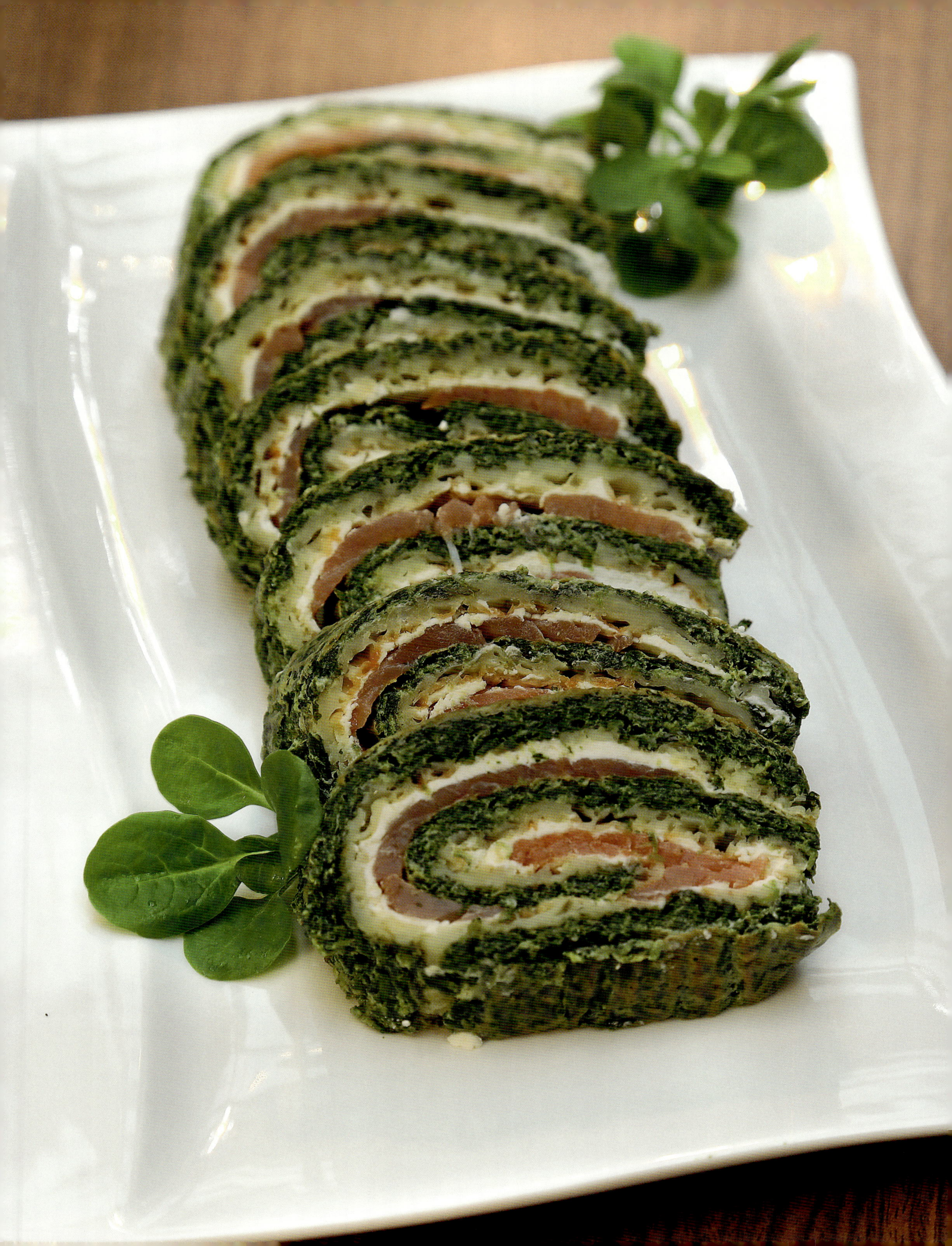

Mango Mozzarella — Ein Genuss der Sinne

Heike Wagner

ZUTATEN
2	Mangos (ohne Schale in Scheiben schneiden)
3–4	Mozzarella (in Scheiben schneiden)
1	Limette
1 Bund	Lauchzwiebeln
	Currypulver

ZUBEREITUNG
Mangos ohne Schale und den Mozzarella in Scheiben schneiden. Die Mangos werden abwechselnd mit dem Mozzarella angereiht. Anschließend werden der Limettensaft und die Lauchzwiebeln (kleine Ringe) darübergestreut. Vor dem Servieren noch Currypulver überstreuen.

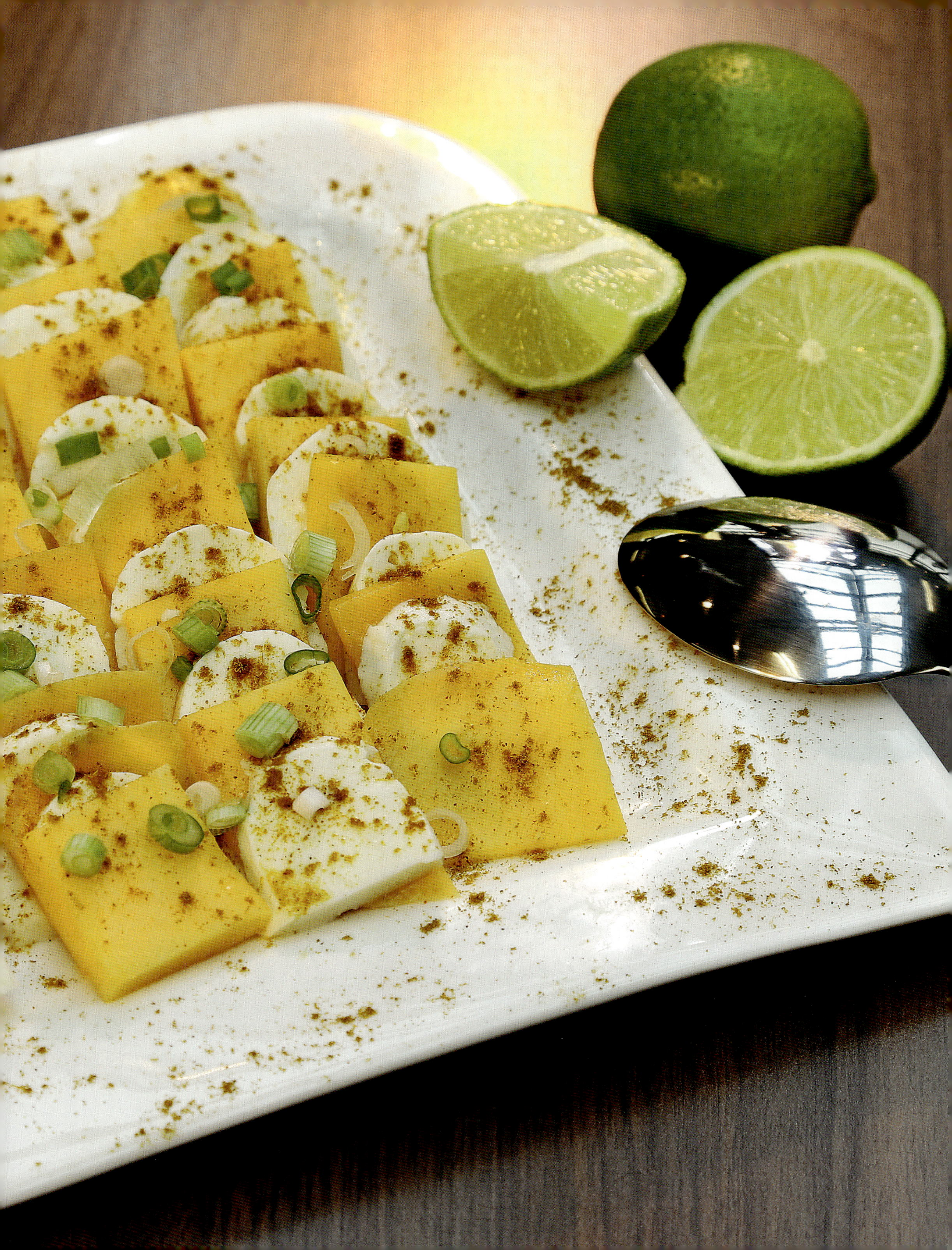

Mango-Tiramisu

Andrea Kriegisch

ZUTATEN (FÜR 8 PERSONEN)

2 Dosen	Mangos (Abtropfgewicht ca. 230 g)
23	Löffelbiskuits
250 g	Mascarpone
180 g	Naturjoghurt 3,5 % Fett
180 ml	Sahne (geschlagen)
1	Orange, ausgepresst
75 g	Zucker
1 Packung	Vanillezucker
1 Schuss	Marsala (alternativ anderen Likör verwenden)

ZUBEREITUNG

Mangos gut abtropfen lassen (Saft auffangen) und mit dem Pürierstab zu Mus pürieren. Den Mangosaft mit dem Orangensaft und Marsala mischen. Löffelbiskuits in einer hohen Auflaufform (ca. 30 × 30 cm, Höhe mindestens 5 cm) auslegen und mit Saftmischung beträufeln.
Das Mango-Mus darübergeben. Mascarpone, Joghurt, Zucker und Vanillezucker mit dem Mixer vermischen, die geschlagene Sahne vorsichtig unterheben. Anschließend die Mascarpone-Masse über dem Mango-Mus verteilen. Das Tiramisu mind. 3 Stunden in den Kühlschrank stellen.

Variante:
Es können auch andere Dosenfrüchte (Pfirsiche, Aprikosen, ...) verwendet werden.

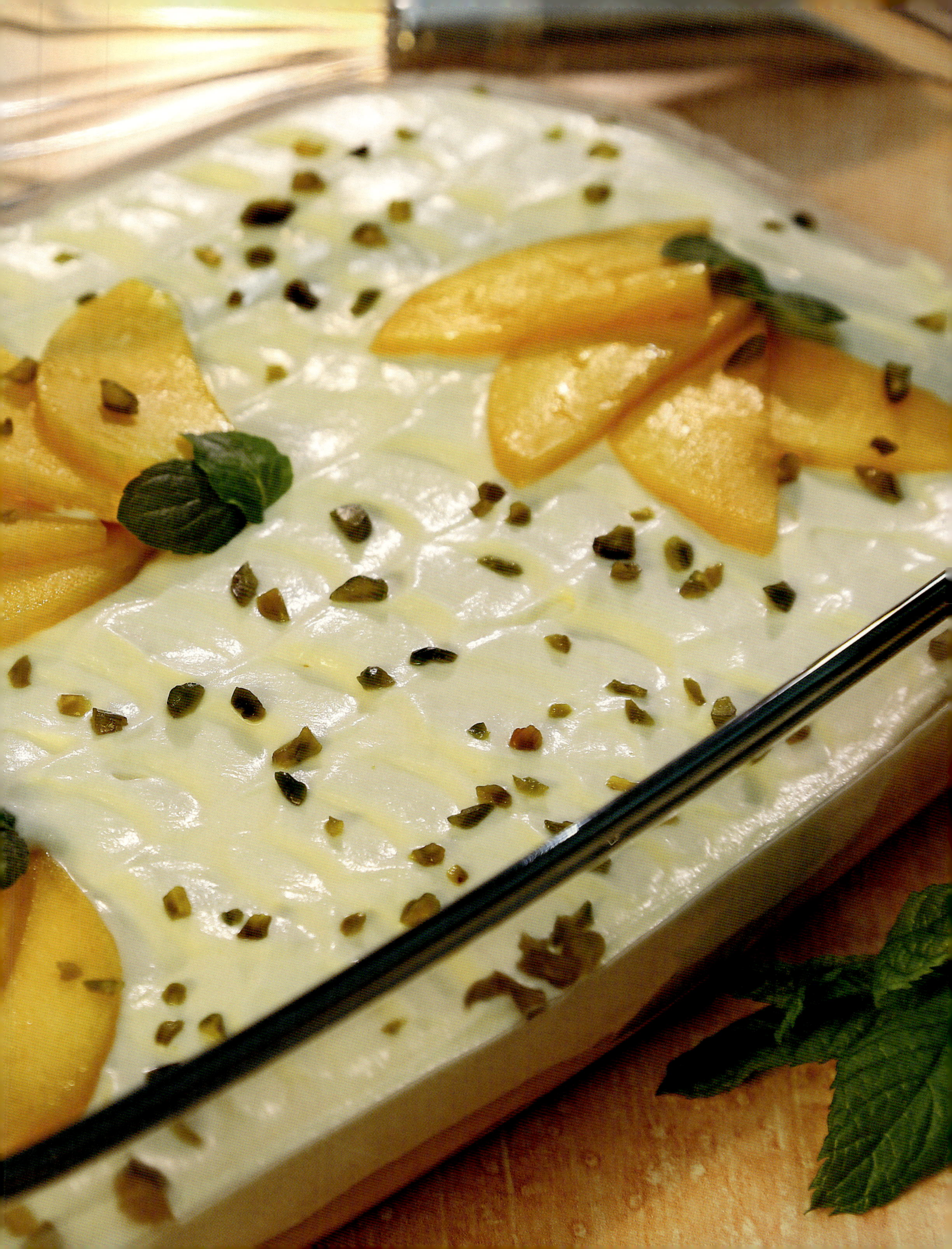

Mediterraner Nudelsalat

Brigitte Urbisch

ZUTATEN (FÜR 4 PERSONEN)

300 g	braune Champignons, frisch
einige	getrocknete Tomaten, in Öl eingelegt
400 g	Feldsalat
300 g	Cherrytomaten
500 g	Fusilli-Nudeln
100 g	Parmesan, grob gerieben
	Balsamico
	Öl von den getrockneten Tomaten
	Olivenöl
	Wasser (Salzwasser)
	Bunte Tüte Kerne
	Salz und Pfeffer
eventuell	Knoblauch

ZUBEREITUNG

Bevor man mit etwas anderem anfängt, kocht man nebenbei die Nudeln so bissfest, wie man mag. Während die Nudeln kochen, zupft man den Feldsalat auseinander, schneidet die Champignons in dünne Scheiben und teilt bzw. viertelt die Cherrytomaten und gibt alles in eine Salatschale.

Dann nimmt man Kerne nach Wahl (ich nehme meist eine bunte Tüte aus Kürbiskernen, Pinienkernen, Sonnenblumenkernen – jeder, wie er mag) und röstet diese kurz mit ein wenig Salz und Olivenöl in der Pfanne, bis sie goldbraun sind (Vorsicht: die Körner verbrennen schnell!).

Diese kommen dann ebenfalls in die Schüssel. Wenn die Nudeln fertig und abgekühlt sind (kann man auch gut am Abend davor kochen), fügt man sie zum Schluss dazu.

Das Dressing mache ich immer nach Gefühl und Geschmack. Man nimmt etwas Öl von den eingelegten Tomaten, Olivenöl, Balsamico und nach Belieben noch Salz, Pfeffer und ggf. ein wenig Knoblauch. Alles miteinander vermischen und zum Salat geben. Ganz zum Schluss gibt man den geriebenen Parmesan dazu und verrührt das Ganze noch einmal kurz.

Und fertig ist die Mischung aus Nudelsalat und grünem Salat! Wir mögen ihn sehr gerne zum Grillen, aber auch mal ganz schnell als Hauptgericht im Sommer.

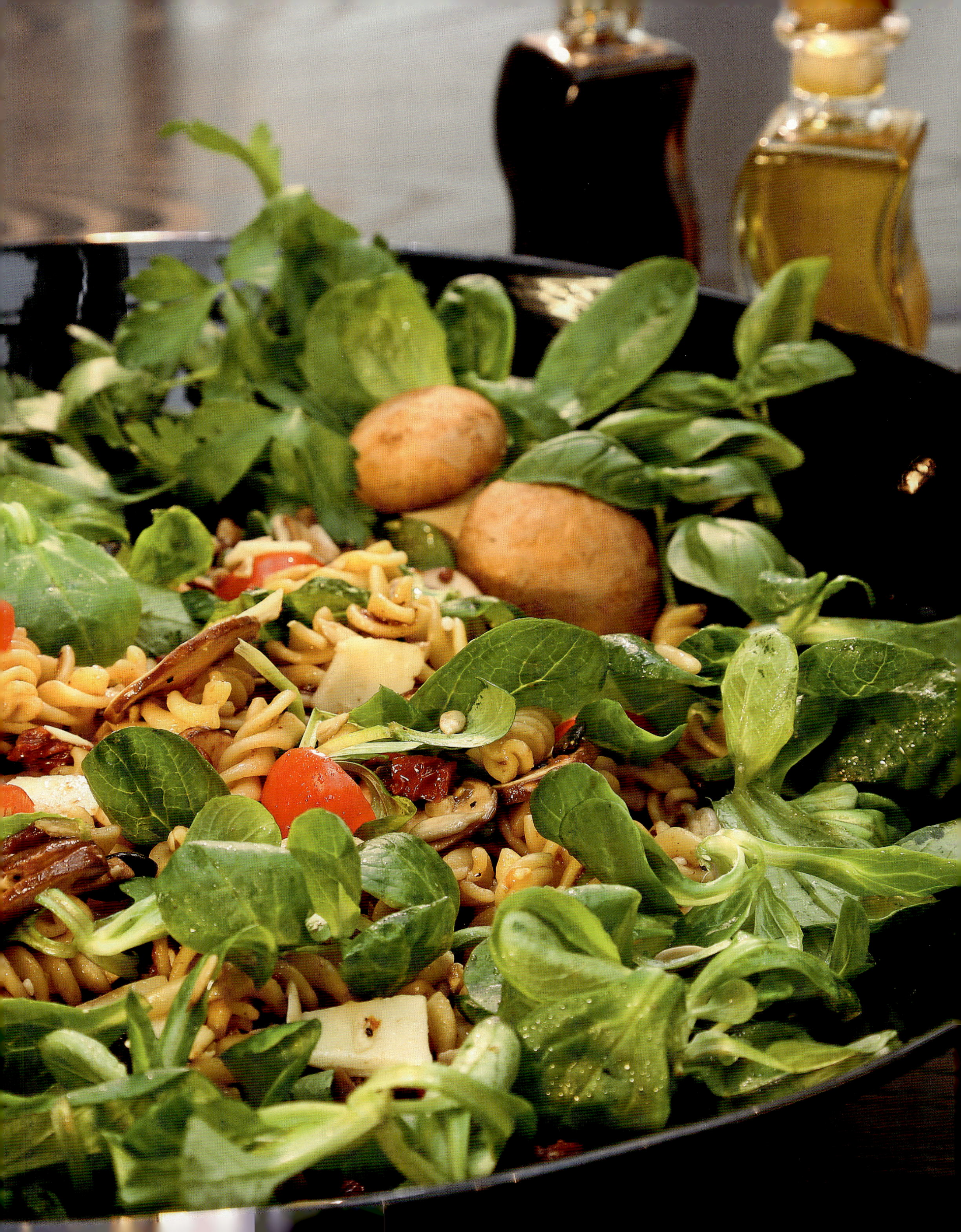

Ofensuppe

Almut Richter

ZUTATEN (FÜR 6–8 PERSONEN)

1 kg	Schweinefleisch (Gulasch)
500 g	Zwiebeln
1 kl. Glas	Pilze
1 kl. Dose	Erbsen
100 g	Chilisoße süß + scharf
150 g	Chilisoße süß + sauer
1 kl. Dose	Ananas
1 Glas	Tomatenpaprika
250 g	Curryketchup
½ l	Sahne

ZUBEREITUNG

Eine entsprechend große Form nehmen. Die Fleischstücke mit Salz und Pfeffer würzen und in den Topf geben, Zwiebeln würfeln und darauf verteilen. Die Pilze abtropfen lassen und über das Fleisch geben. Dann nacheinander in Schichten mit den Erbsen (mit Flüssigkeit), Ananas (mit der Hälfte des Saftes), Tomatenpaprika (mit Saft), Curryketchup, Chilisoßen und Sahne auffüllen.
Nicht durchrühren!
Im Backofen bei 200 Grad ca. 2 Stunden garen, dann über Nacht „setzen lassen".
Vor dem Verzehr durchrühren und gut aufwärmen, aber nicht mehr kochen lassen.
Dazu schmeckt Baguette oder Fladenbrot.

Tipp:
Das Gericht lässt sich beliebig vervielfachen, so dass auch eine große „Meute" satt zu bekommen ist.

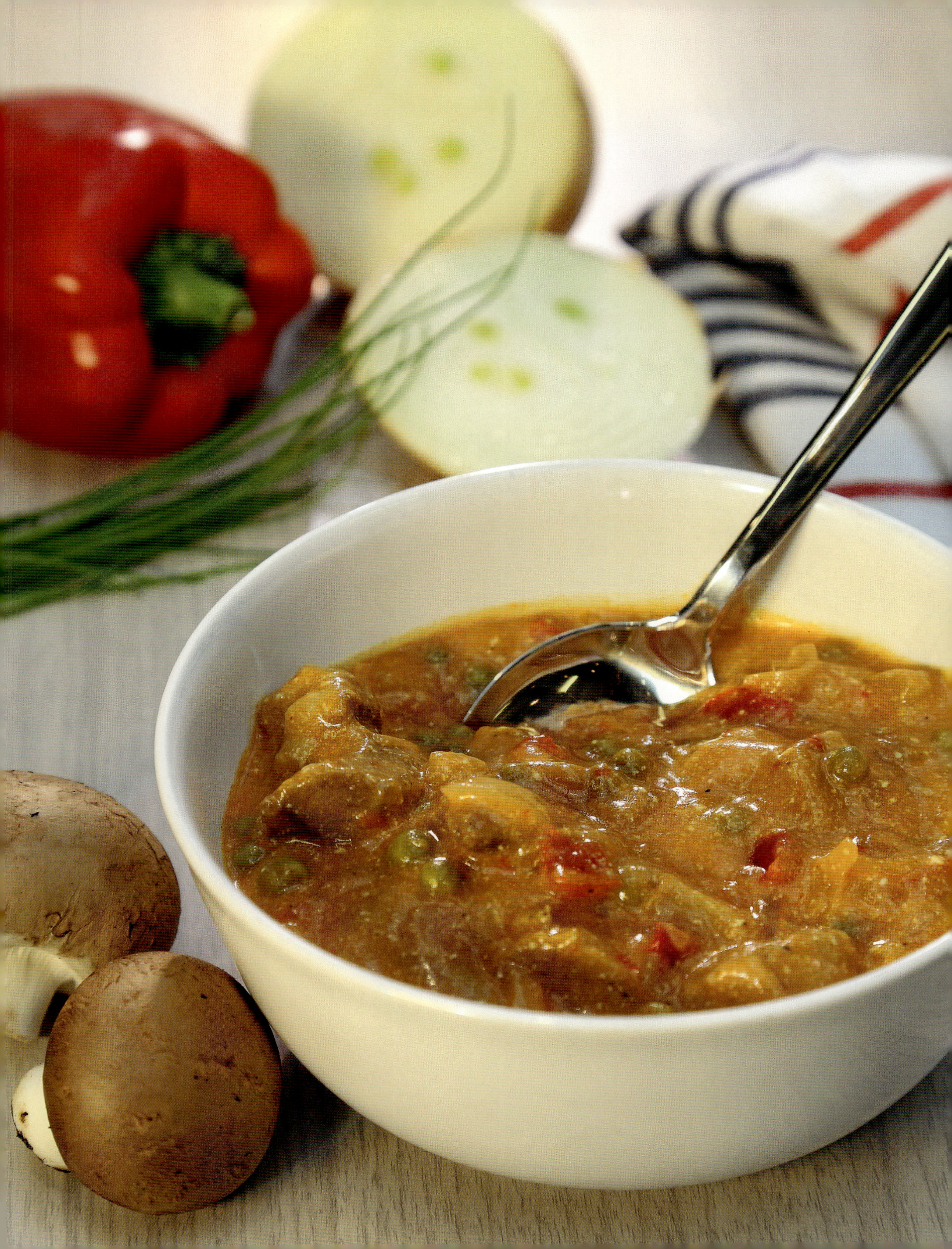

Paprikastreifen mit Frischkäsefüllung

Ursula De Noni

ZUTATEN

4	mittlere Paprikaschoten, gelb oder rot
400 g	Frischkäse
2 EL	Milch
3 Blatt	weiße Gelatine
100 g	süße Sahne
1 Bund	gemischte Kräuter (Schnittlauch, Petersilie, …)
1	Zwiebel oder
½	Bund Lauchzwiebeln
1	Knoblauchzehe
1–2 EL	Olivenöl
	Salz
	Pfeffer
	Muskat

ZUBEREITUNG

Deckel von den Paprikaschoten abschneiden, Kerne herauslösen, waschen und abtropfen lassen. Frischkäse mit Milch zu einer glatten Creme verrühren und mit Salz, Pfeffer, Muskat abschmecken. Die Gelatine ca. 10 Minuten einweichen und tropfnass bei schwacher Hitze auflösen. Kurz stehen lassen, dann mit der Käsecreme vermengen. Die Sahne steif schlagen und unterheben, kühl stellen. Kräuter und Zwiebel fein hacken, Knoblauch pressen, alles mit Olivenöl vermengen, dann unter die Creme ziehen. Die Paprikaschoten so nebeneinander in ein Behältnis stellen, dass sie nicht umfallen können. Mit einem Löffel die Creme einfüllen. Paprika am besten über Nacht in den Kühlschrank stellen, damit die Creme fest wird, mind. 6 bis 8 Stunden. Kurz vor dem Servieren jede Paprika auf einem Schneidebrett mit einem großen Messer achteln und schön auf einer Platte, eventuell mit frischen Kräutern, anrichten.

Variante:
Creme anfertigen wie oben beschrieben, jedoch nicht in Paprika, sondern in schöne Glasschälchen füllen und kühlen. Passt als Dip zu Gemüse oder Grillgut.

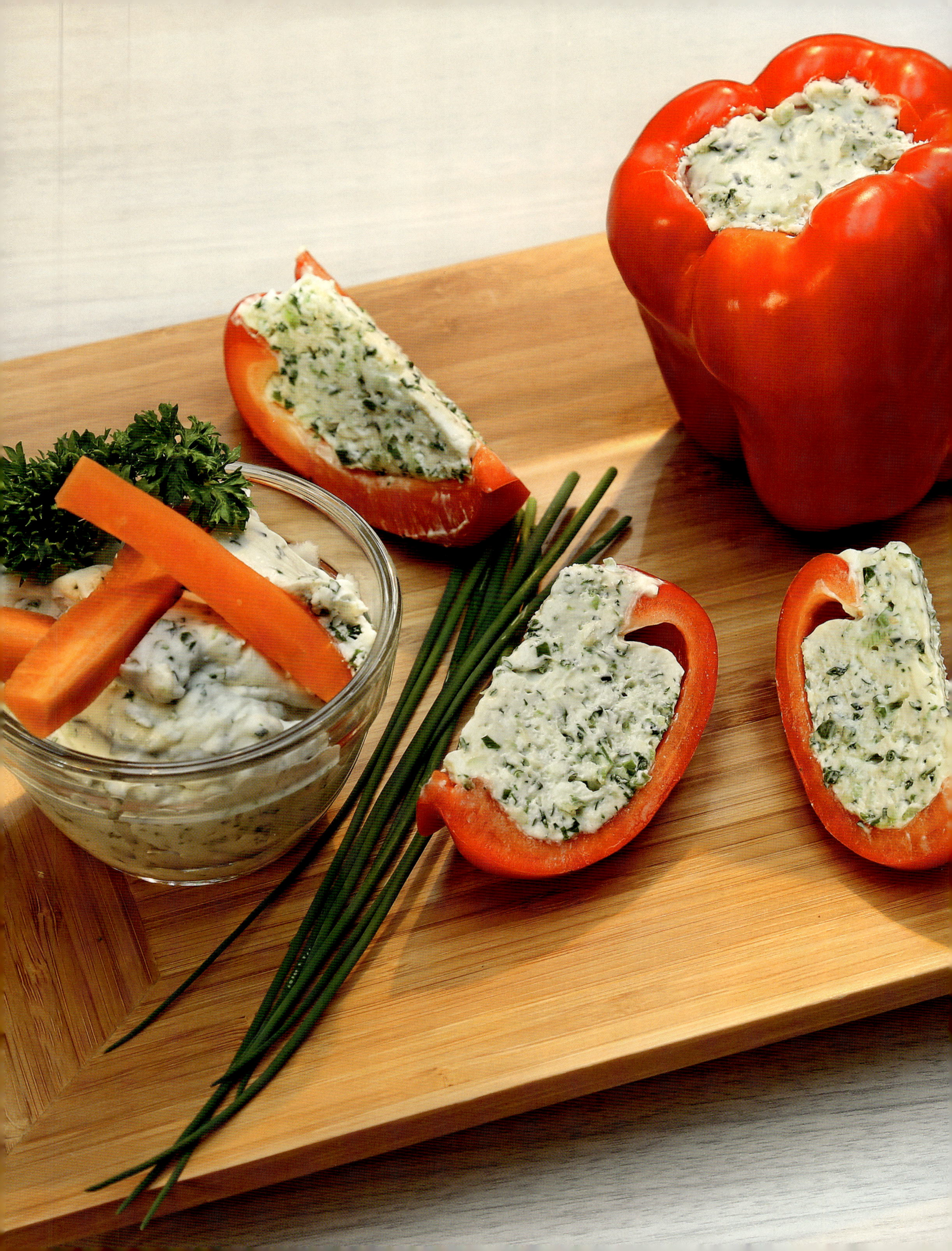

Parmesan-Muffins mit Avocado-Füllung

Peter Thum

ZUTATEN
Parmesan-Muffins:
- 200 g Mehl
- 3 TL Backpulver
- 1 TL Salz
- 100 g geriebener Parmesankäse
- 200 g Crème fraîche
- 2 Eier

Avocado-Füllung:
- ½ Avocado
- 150 g Crème fraîche
- ½ rote Zwiebel
- Salz
- Pfeffer

ZUBEREITUNG
Für die Muffins alle Zutaten verrühren und in einem ausgefetteten Muffinblech verteilen. Bei 200 Grad ca. 15 Minuten backen.
Nach Erkalten die Deckel abschneiden und die Unterteile mit einem Löffel aushöhlen. Die ausgehöhlte Masse aufbewahren.
Für die Avocado-Füllung die Avocado mit einer Gabel zerdrücken und die Crème fraîche zugeben. Die Zwiebel klein schneiden und mit der ausgehöhlten Muffin-Masse zugeben. Die Füllung mit Salz und Pfeffer, wer mag noch mit frisch geriebenem Ingwer und Chili, abschmecken. Die Füllung in die ausgehöhlten Muffins füllen und die Deckel wieder aufsetzten. Kühl servieren.

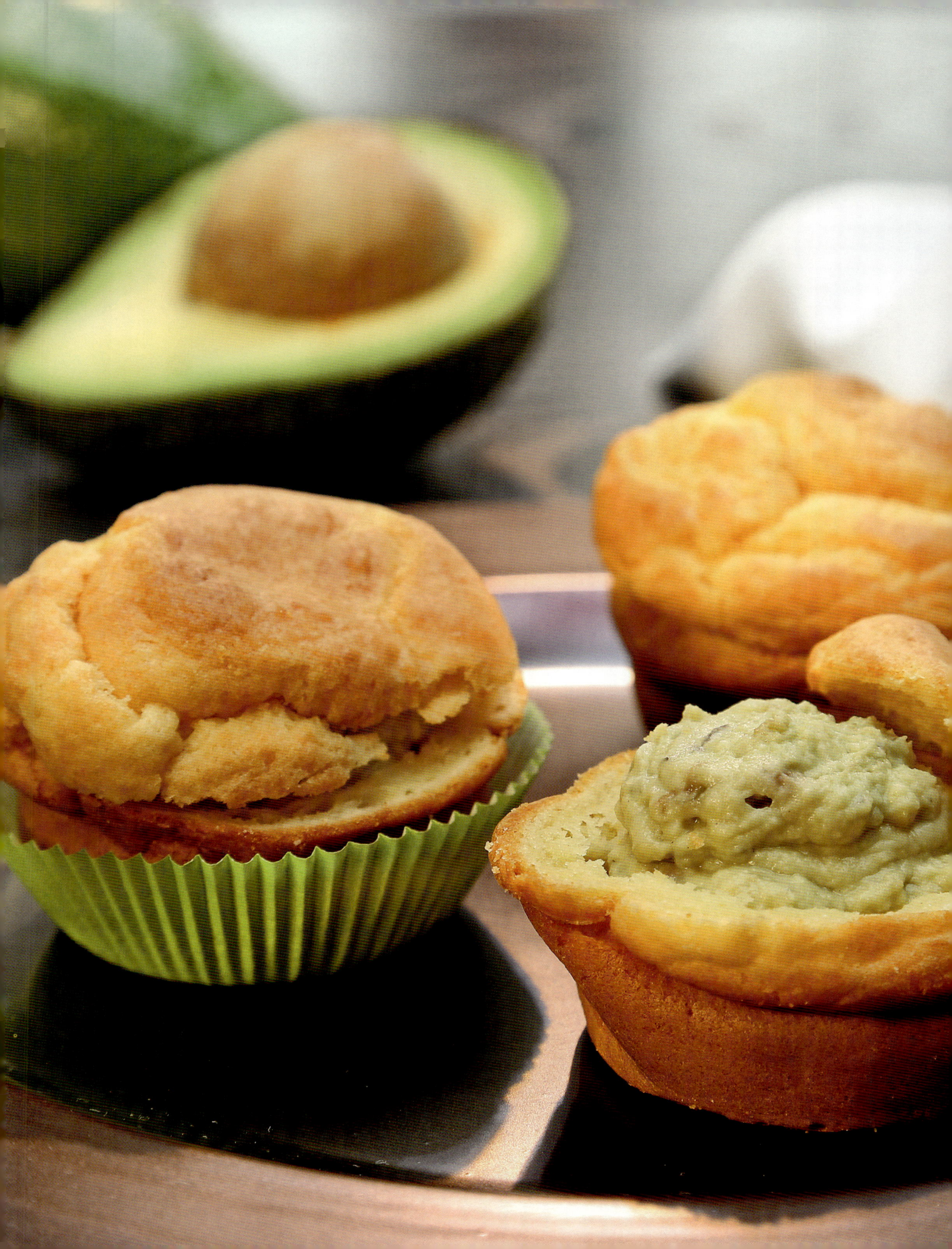

Partybrötchen

Irene Bischof

ZUTATEN (FÜR CA. 45 STÜCK)

700 g	Mehl (Type 405)
1 TL	Salz
1 Pck.	Trockenhefe
150–200 g	geriebener Käse
250 g	geräucherter Bauch (o. Ä.), gewürfelt
600 ml	lauwarme Milch

ZUBEREITUNG

Alle Zutaten in einer Schüssel mit einem Rührlöffel kurz untereinander mischen, dann ca. eine Stunde gehen lassen.
Esslöffel in kaltes Wasser tauchen und kleine Häufchen abstechen. Diese auf ein mit Backpapier belegtes Backblech setzen.
Bei 180–200 Grad Umluft ungefähr 20–30 Minuten backen.

Tipp:
Schmeckt genial zu jedem Party-Salat.
Natürlich auch zu Wein!

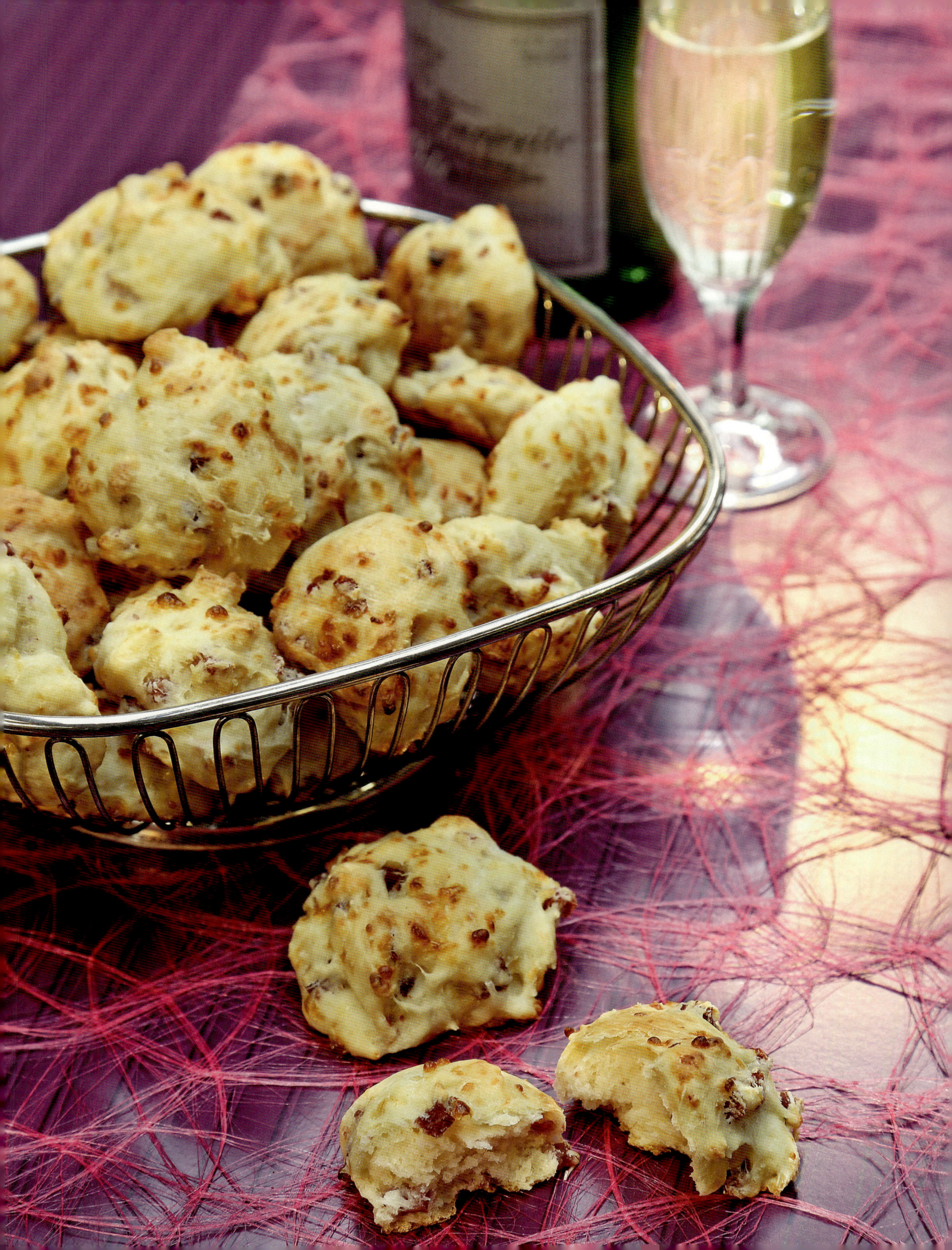

Paté auf Sherryzwiebeln

Ulla Sippel

ZUTATEN
Gemüsezwiebeln (z. B. spanische) in Ringe geschnitten
Leber-Paté
Cocktailkirschen (zum Dekorieren)
Sherry halbtrocken (zum Ablöschen)
Salz
Pfeffer
Zucker
Sonnenblumenöl

ZUBEREITUNG
Gemüsezwiebeln in Ringe schneiden. Die Leber-Paté sollte rund oder eckig geformt sein, gegebenenfalls in einer Folie in Form rollen. Die Zwiebeln etwas zuckern und in Öl goldgelb andünsten. Bei stetem Bewegen mit Salz und Pfeffer würzen. Mit Sherry ablöschen und einreduzieren.

Die Paté in Scheiben schneiden. Mit einer Gabel kleine Zwiebelnester formen, auf eine Platte setzen und mit einer Scheibe der Paté anrichten. Mit Cocktailkirschen dekorieren.

Tipp:
Die Zwiebeln können sehr gut vorbereitet und wieder kurz erwärmt oder auch für ein Buffet kalt verwendet werden.

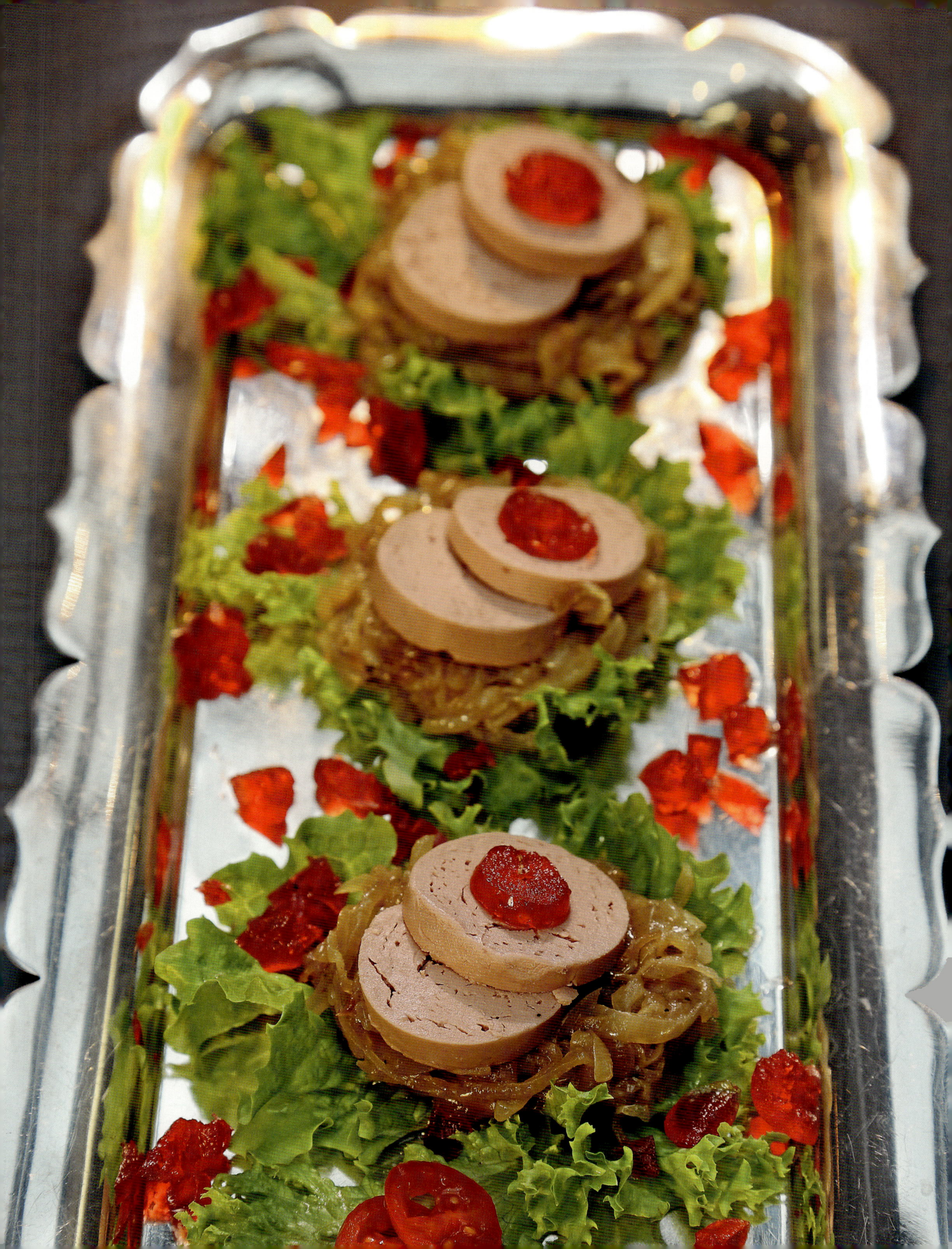

Pfundstopf

Brigitte Bäuerle

ZUTATEN (FÜR CA. 12 PERSONEN)

- 1 kg Rindergeschnetzeltes (oder hohe Rippe und selber klein schneiden)
- 1 kg Schweinegeschnetzeltes (oder Schnitzel selber klein schneiden)
- 1 kg geräucherter Schweinebauch in Würfel geschnitten
- 1 kg Bratwurstbrät oder Fleischkäsebrät, in Bällchen geformt
- 1 kg gelbe und rote Paprika in Streifen
- 1 kg Zwiebelringe
- 1,5 l Schaschliksoße
- 6 Becher süße Sahne
- Salz
- Pfeffer

ZUBEREITUNG

Nacheinander jeweils 500 g Rindergeschnetzeltes, Schweinegeschnetzeltes, Schweinebauch, Bratwurstbrät, Paprika und Zwiebelringe in einen Bräter schichten. Anschließend die jeweiligen restlichen 500 g in gleicher Reihenfolge darüberverteilen. Die süße Sahne mit der Schaschliksoße vermischen und darübergeben. Nach Geschmack würzen, mit Salz vorsichtig sein!

Den Pfundstopf einen Tag vorher einschichten und ziehen lassen. Dann bei 180 Grad im Backofen 2 1/2 Stunden backen.

Dazu passen Weißbrot und Salate.

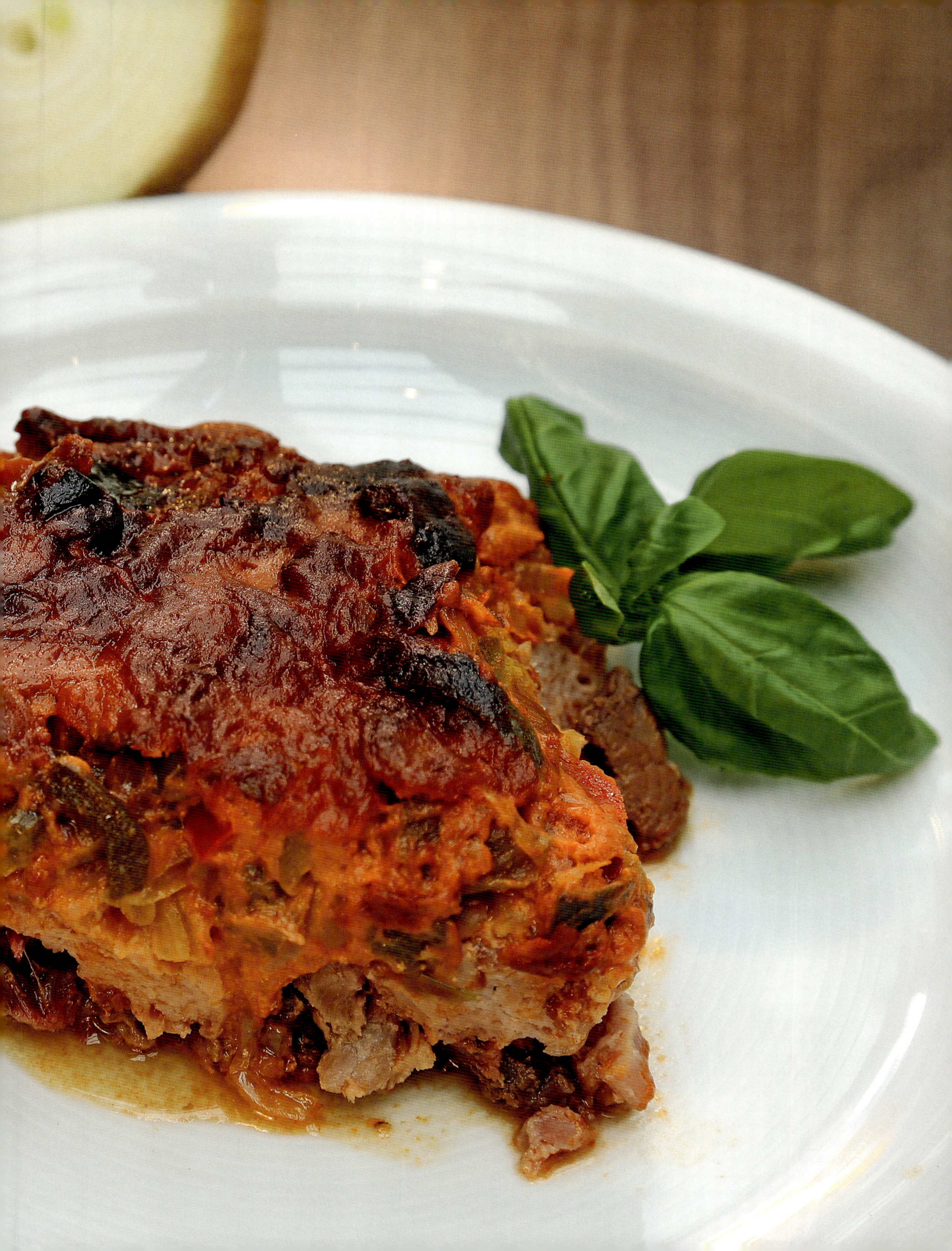

Pikante Blätterteigfinger

Ute Mecheels

ZUTATEN

3 Packungen	rechteckigen Fertigblätterteig
500 g	gemischtes Hackfleisch
100 g	Reibkäse
½ kl. Glas	rote, eingemachte Paprika, sehr klein geschnitten
1	kleine Zwiebel, sehr fein gewürfelt
1 TL	Chiliflocken
1	Ei
2 EL	Semmelbrösel
1 EL	Senf
1 Prise	Salz
	Pfeffer
	Paprika
	Knoblauchpulver
1	Ei zum Bestreichen
	Pizzagewürz

ZUBEREITUNG

Die Zutaten für die Füllung gut mischen. Den Blätterteig längs durchschneiden, dann in ca. 6 cm breite Streifen schneiden.
Je in der Mitte der Streifen eine Linie Füllung legen (walnussgroße Menge, am besten mit den Fingern) und die schmalen Ober- und Unterkanten ½ cm einschlagen. Dann die langen Seiten über der Füllung zusammenlegen, eventuell mit Eiweiß bestreichen, damit die Naht besser hält. Die Streifen rund rollen, auf ein Backblech legen, mit verquirltem Eigelb bestreichen, mit Pizzagewürz bestreuen und bei 175 Grad ca. 30 Minuten goldgelb backen.

Man kann die ungebackenen Blätterteigfinger auch im Kühlschrank einige Stunden aufbewahren, dann frisch backen und warm servieren!

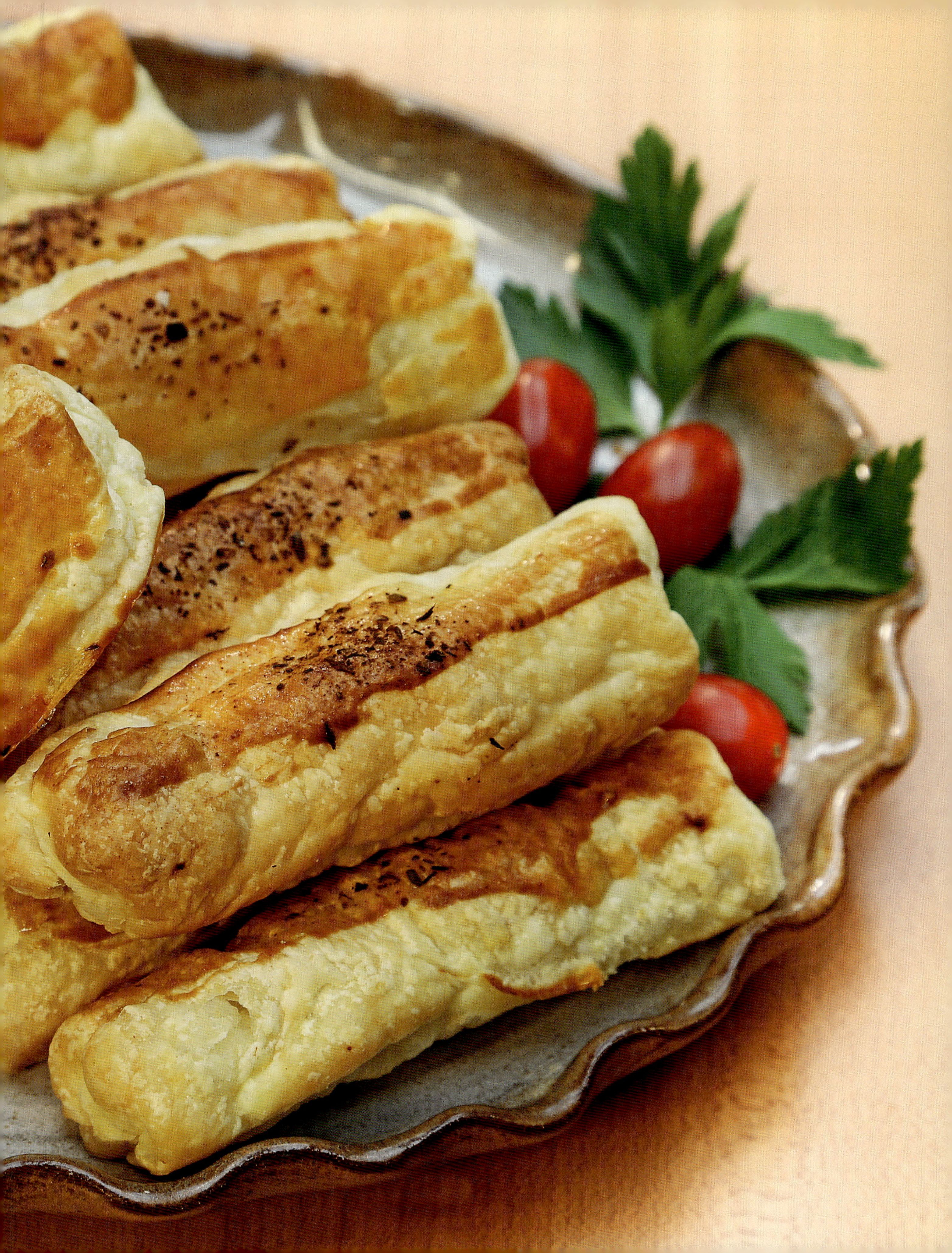

Pizzaschnecken

Heide Schmid

ZUTATEN

2 Rollen	Blätterteig
200 g	Schinken (in kleine Teile geschnitten)
200 g	Crème fraîche
300 g	geriebener Gouda
1	Zwiebel
1	Ei
	Majoran
	Salz
	Pfeffer

ZUBEREITUNG

Alle Zutaten vermischen und anschließend auf den Blätterteigrollen verteilen. Den Teig von der langen Seite her zusammenrollen und kleine Schnecken schneiden. Diese auf ein Backblech legen und mit verquirltem Ei bestreichen. Bei 200 Grad Ober-/Unterhitze ca. 20 Minuten backen.

Tipp:
Die Schnecken schmecken warm und kalt.

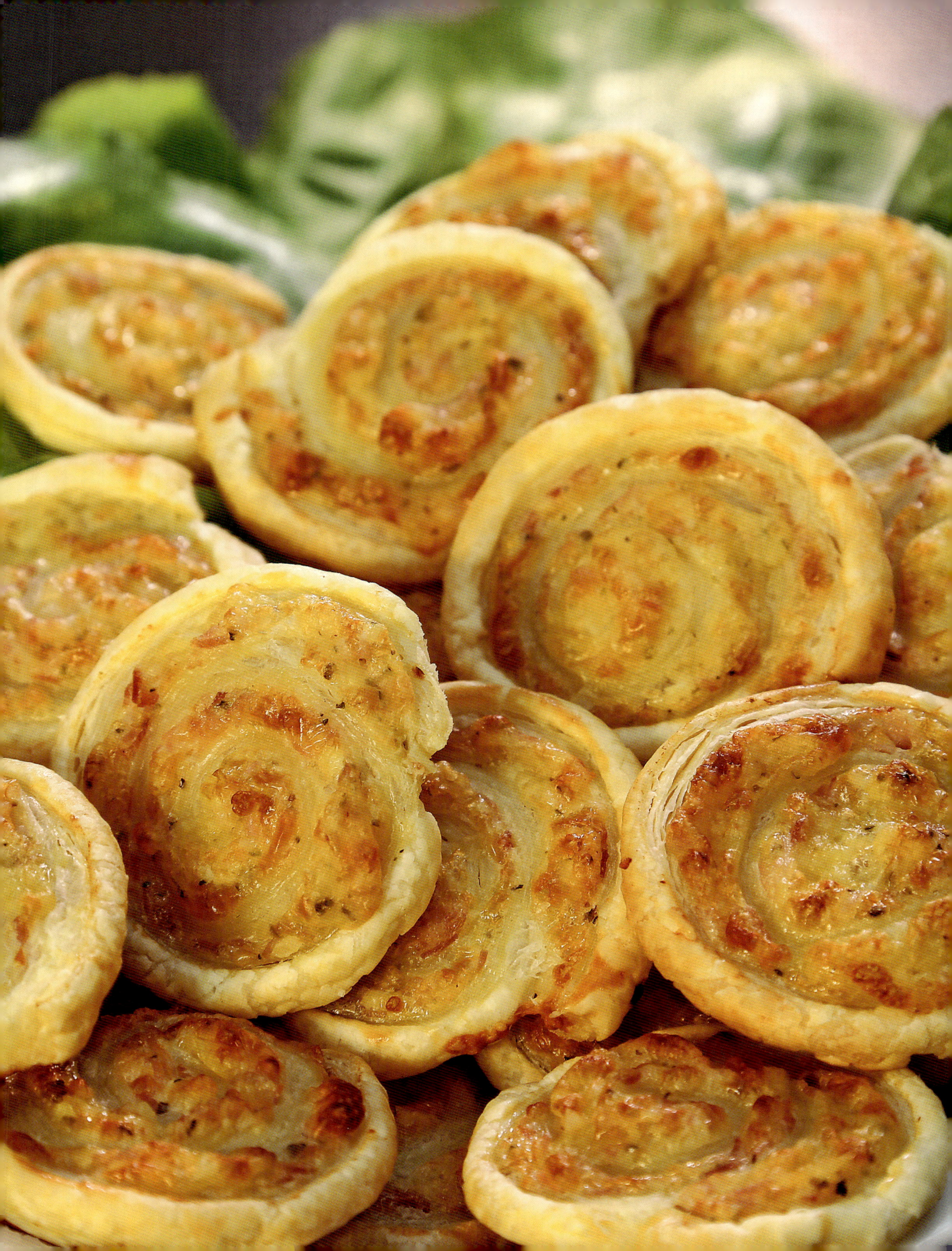

Pizza-Semmel

Uschi Balz

ZUTATEN (FÜR 16 HALBE BRÖTCHEN)

1 Glas	Mayonnaise
100 ml	Sahne
250 g	geriebener Emmentaler
250 g	gekochter Schinken und Salami (gemischt)
3 Stück	Essiggurken
3 Stück	Peperoni mild (aus dem Glas)
2 Stück	rote Paprikaschoten
1–2	Zwiebeln
½ TL	Pizzagewürz
	Pfeffer

ZUBEREITUNG

Alles klein schneiden und vermischen.
Bis zum Servieren kalt stellen.
Masse auf Brötchen verteilen.
Bei 160 Grad ca. 15 Minuten backen.

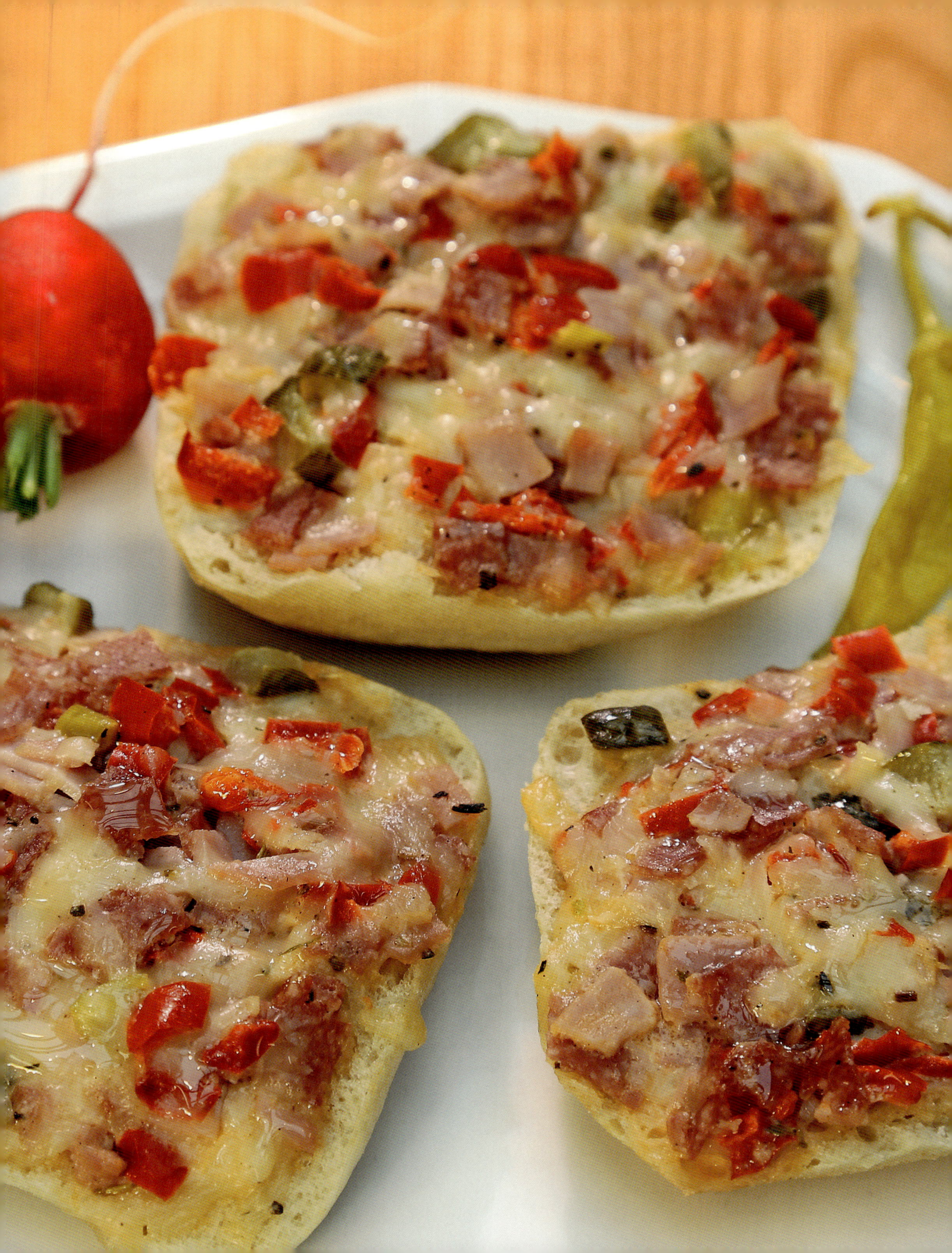

Polpette-Spießchen

Franziska Ziegler

ZUTATEN

500 g	gemischtes Hackfleisch
2	Eier
200 g	geriebener Parmesan
1 Bund	Petersilie (gehackt)
150 g	Pinienkerne (grob gehackt)
1	Zwiebel, klein geschnitten
	Salz
	Pfeffer
	Olivenöl
	Basilikum
	Cocktailtomaten
	kleine Holzspieße

ZUBEREITUNG

Die Zwiebel klein schneiden und mit Hackfleisch, Eiern, Parmesan, Petersilie, Pinienkernen, Salz und Pfeffer zu einem Teig verarbeiten und eine Stunde ruhen lassen. Danach aus dem Teig walnussgroße Bällchen formen, in reichlich Olivenöl anbraten und auskühlen lassen. Die fertigen Bällchen abwechselnd mit Cocktailtomaten und Basilikumblättern auf die Holzspieße stecken.

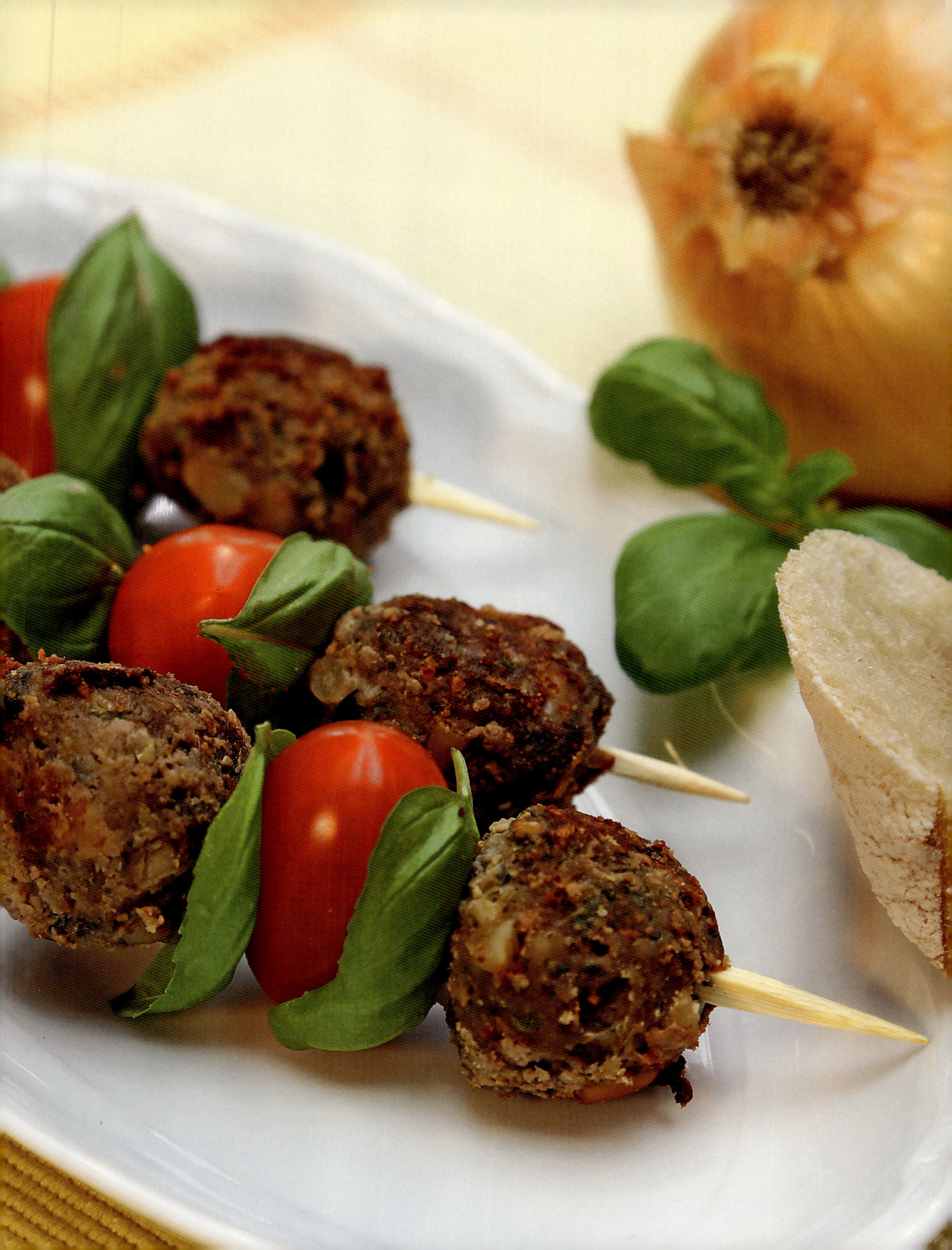

Röstischnitzel

Ellen Hammer

ZUTATEN (FÜR 10 PERSONEN)

10–15	magere Schweine- oder Putenschnitzel
2	Packungen Rösti
1 Packung	geriebener Emmentaler
1	Zwiebel
1 Becher	Crème fraîche
250 g	Champignons
250 g	Party-Tomaten
	gehackte Petersilie
	Salz
	Pfeffer

ZUBEREITUNG

Schnitzel von beiden Seiten gut würzen und in eine Fettpfanne legen. Die Zwiebeln würfeln und mit Rösti, Käse und Crème fraîche mischen, dann mit Salz und Pfeffer würzen. Die Mischung auf den Schnitzeln verteilen. Champignons vierteln, Tomaten halbieren und über den Schnitzeln verteilen.
Im vorgeheizten Backofen, Ober-/Unterhitze 180 Grad, ca. 35 Minuten backen lassen. Wer möchte, kann die Schnitzel noch 5 Minuten im Backofen unter der Grillfunktion grillen, damit die Rösti eine schöne Farbe bekommen. Nach dem Backen die gehackte Petersilie darüberstreuen.

Tipp:
Am besten mit einem schönen bunten Salat servieren.

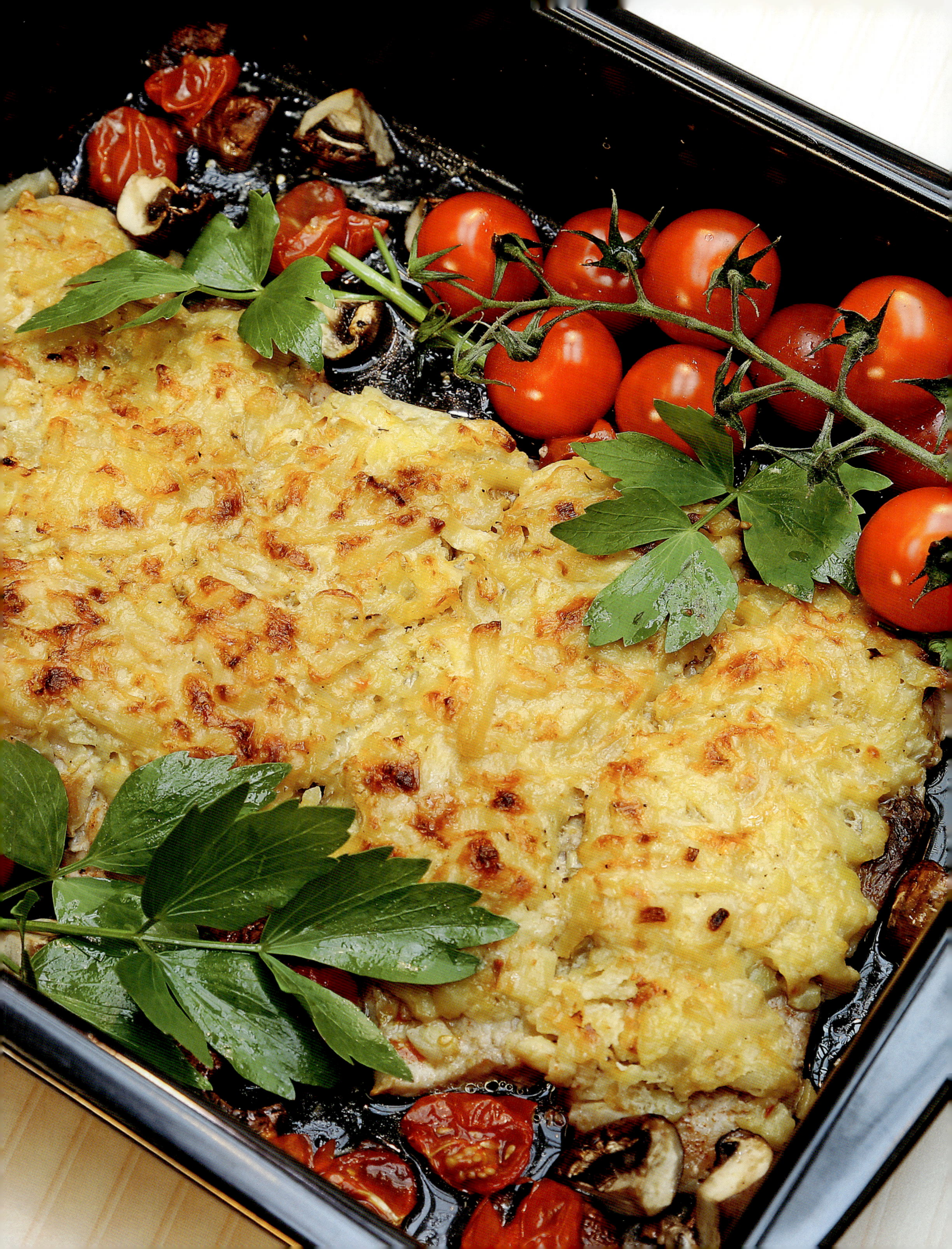

Salzige Kartoffelhörnchen

Claudia Reibel

ZUTATEN (FÜR 6–8 PERSONEN)

150 g Kartoffeln (mehligkochend)

Mürbeteig:
- 250 g Mehl
- 100 g Butter
- 1 TL Backpulver
- 5–7 EL Milch
- Salz
- Pfeffer
- Muskat
- Maggi

Füllung:
- 50 g gek. Schinken (Würfel)
- 100 g geriebener Käse
- 50 g Speckwürfel
- 1 Zwiebel (fein geschnitten)
- 20 g Butter
- 100 g Sauerrahm
- Petersilie (gehackt)
- 1 Ei

ZUBEREITUNG

Die Kartoffeln kochen und durch die Kartoffelpresse drücken. Anschließend die Zutaten für den Mürbeteig mit den Kartoffeln verarbeiten.

Speck und Zwiebel in der Butter andünsten, dann alle Zutaten vermischen. Den Teig nochmals durchkneten und zu einer dünnen, runden Platte ausrollen und wie eine Torte in 8 Stücke schneiden. Die Füllung in die Mitte der breiten Seite setzen und die Hörnchen aufrollen. Die Hörnchen auf ein Blech mit Backpapier setzen und mit Ei bestreichen. Bei 180 Grad ca. 25 Minuten backen.

Tipp:
Der Teig eignet sich auch gut als Pizzaboden!

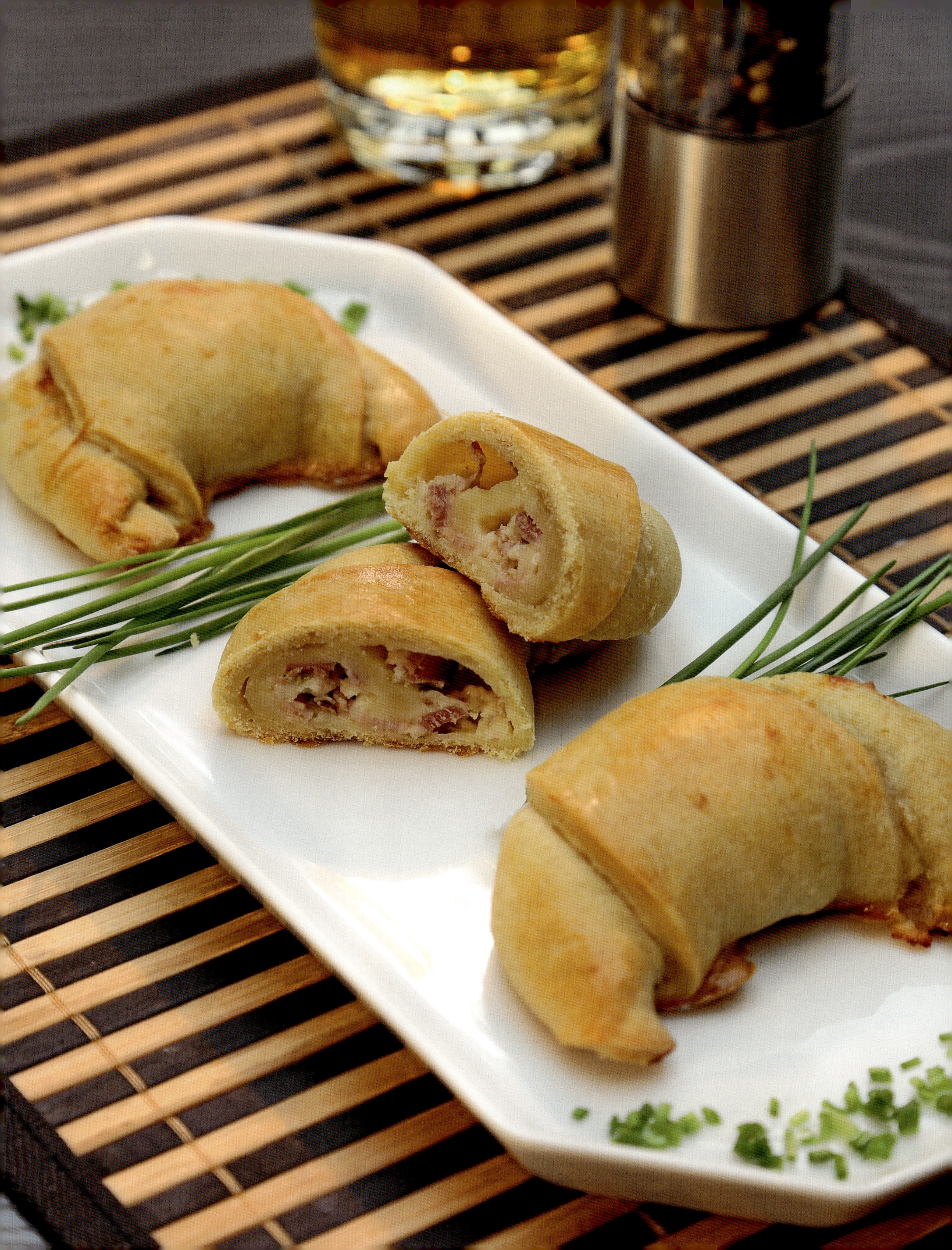

Schinkenhörnchen

Susanne Haumann

ZUTATEN (FÜR CA. 45 HÖRNCHEN)
3 Rollen	Blätterteig aus dem Kühlregal
200 g	gekochter Schinken
200 g	geriebener Käse, z. B. Emmentaler
1	Ei
1 EL	Oregano
	Salz und Pfeffer

Zum Bestreichen
1   Eigelb

ZUBEREITUNG
Den gekochten Schinken sehr fein würfeln und mit dem geriebenen Käse, dem Ei und den Gewürzen vermengen. Den Blätterteig ausrollen und einmal quer durchschneiden. Somit hat man zwei lange, schmale Streifen. Die Streifen nun im Zick-Zack zu Dreiecken schneiden. Jedes Dreieck mit einem TL der Masse belegen und von der breiten Seite her aufrollen. Die Hörnchen auf ein mit Backpapier ausgelegtes Backblech legen und mit verquirltem Eigelb bestreichen.
Den Ofen auf 220 Grad Ober-/Unterhitze vorheizen und die Hörnchen ca. 12 Minuten backen. Die Masse reicht genau für 3 Rollen Blätterteig. Die Hörnchen, die man aus einer Rolle Blätterteig herstellt, passen genau auf ein Backblech.

Tipp:
Dieses Rezept eignet sich hervorragend als Fingerfood für ein Büfett oder aber auch in kleiner Runde als herzhaftes Gebäck zu einem Glas Wein.

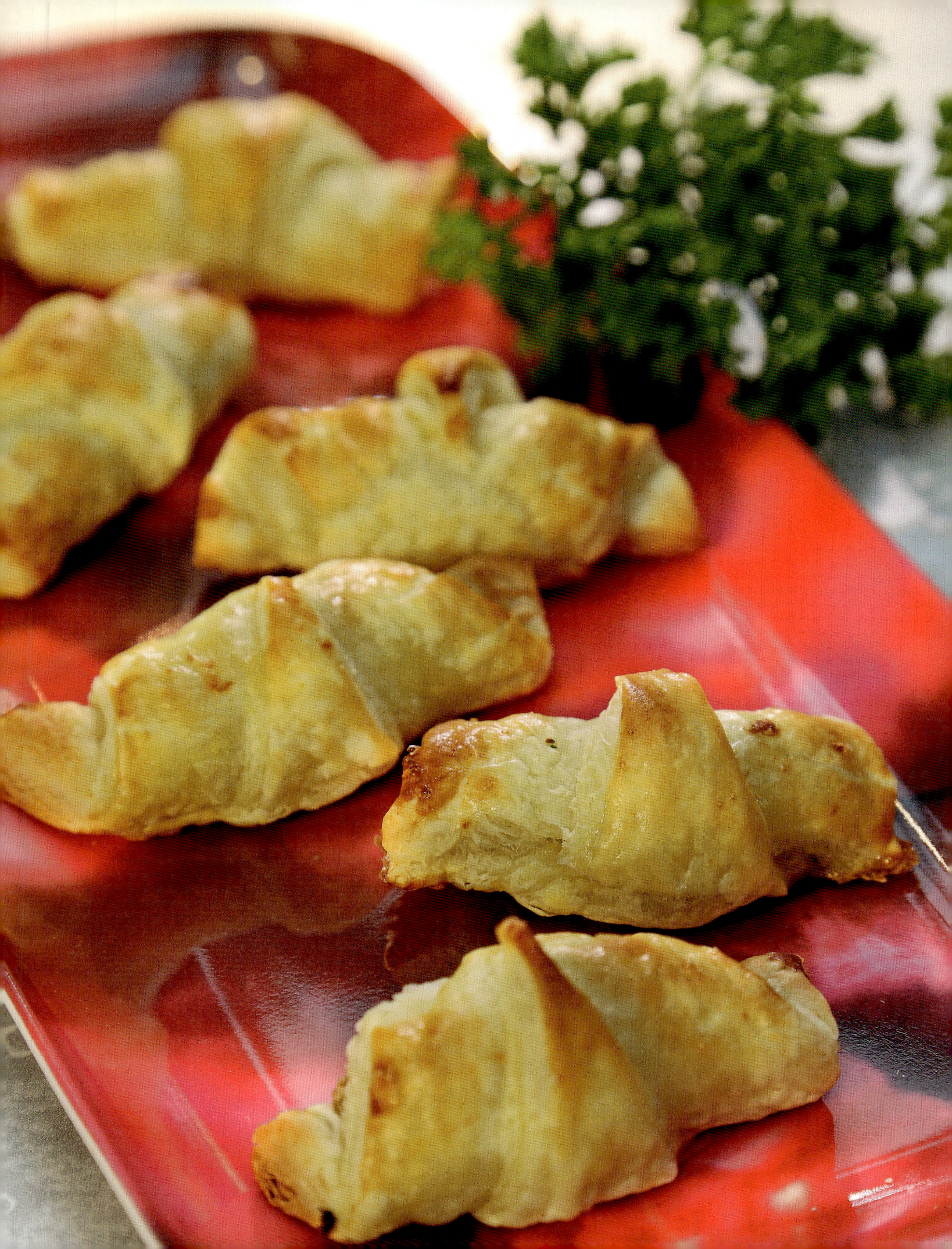

Schnelle Käsestangen

Ursula De Noni

ZUTATEN (CA. 40 STÜCK)

6	Platten TK-Blätterteig
3 EL	Frischkäse
1 Löffel	Paprikapulver
4 EL	Tomatenmark
1	Ei
1 Packung	geriebener Emmentaler oder Gouda (eventuell klein hacken)

ZUBEREITUNG

Backofen vorheizen, bei Umluft auf ca. 180 Grad. Den Blätterteig aus der Packung nehmen, einzeln legen und kurz antauen lassen (ca. 20 Minuten). In der Zwischenzeit in einer kleinen Schüssel Frischkäse, Paprikapulver und Tomatenmark mit einem kleinen Löffel vermengen. Sollte die Creme sehr fest oder trocken sein, mit ein paar Tropfen Milch verdünnen. Nun eine Teigplatte auf eine schnittfeste Unterlage legen und mit einem Messer oder Pinsel mit der Frischkäsecreme bestreichen. Etwas Käse darüberstreuen und die zweite Platte auflegen. Wieder mit Frischkäse und Käse bestreuen und eine dritte Platte als Abschluss oben drauflegen. Mit den restlichen drei Teigplatten wiederholen.

Nun nimmt man ein langes Küchenmesser und schneidet dünne (knapper Zentimeter) Streifen von der schmalen Seite her ab. Die Streifen zu Spiralen drehen und nebeneinander auf ein mit Backpapier belegtes Bachblech legen. Das Ei in einer Tasse mit einer Gabel verquirlen und die Stangen damit bestreichen. Noch etwas Käse darüberstreuen und im vorgeheizten Backofen nun ca. 25 Minuten backen.

Variante:
Statt Käse am Ende Mohn oder Sesam über die Stangen streuen, schmeckt auch super lecker.

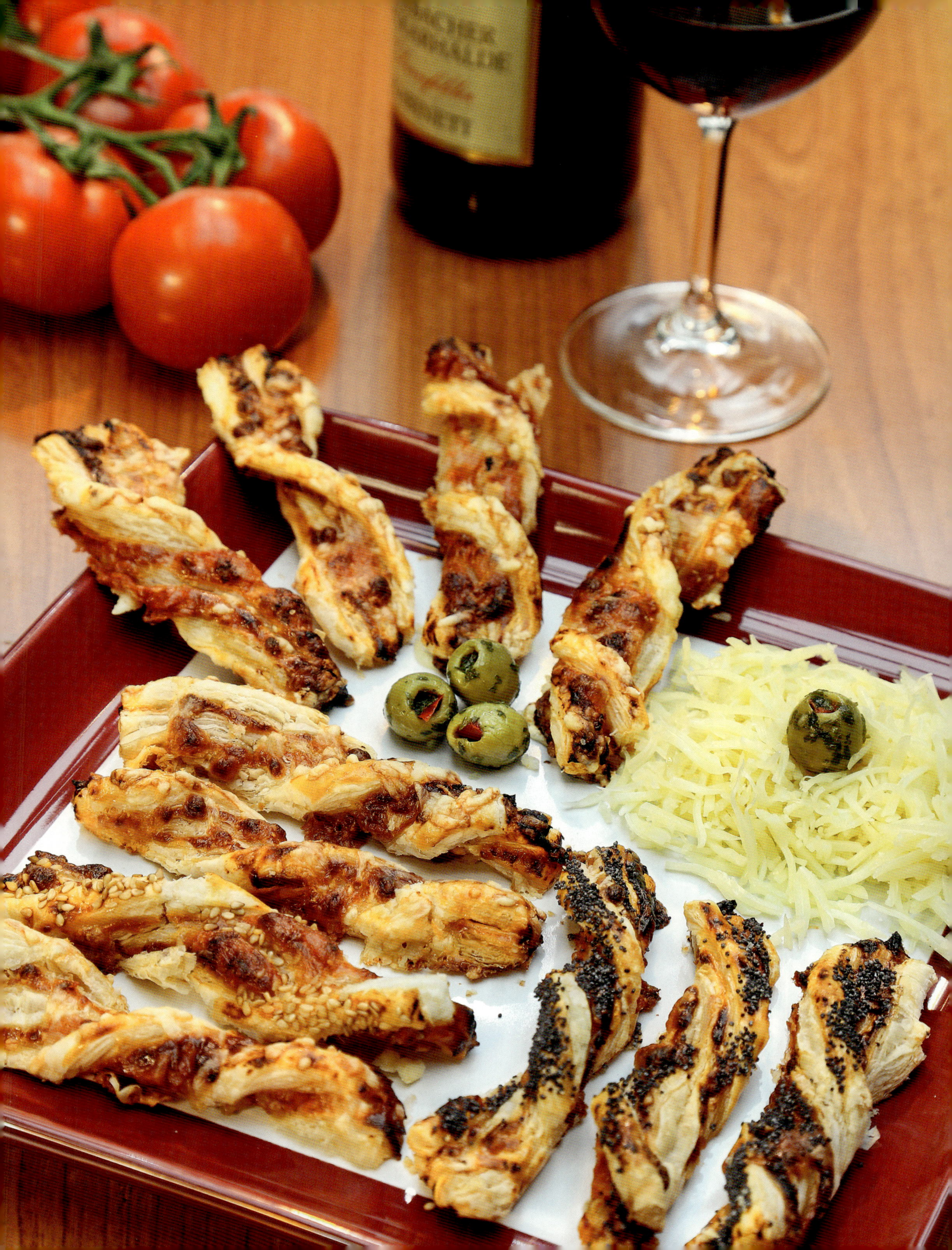

Sellerie-Cordon-bleu mit Kartoffel-Karotten-Brei

Herbert Hladik

ZUTATEN

150 g	Schwarzwälder Bauchspeck, in Scheiben
1	Knollensellerie
200 g	Kartoffeln, mehligkochend
1	Karotte
1	Knoblauchzehe
200 g	Esrom-Käse, in Scheiben
1	Ei
100 g	Butterschmalz
4 EL	Mehl
4 EL	Semmelbrösel
	Salz
	Schwarzer Pfeffer

ZUBEREITUNG

Karotten und Kartoffeln waschen, schälen und in Salzwasser weich kochen. Die Sellerie waschen, schälen und in Scheiben schneiden und ebenfalls in Wasser leicht weich kochen. Anschließend die Selleriescheiben mit Speck und Käse belegen und mit Mehl, Ei und den Semmelbröseln panieren. Eine Pfanne mit Butterschmalz erhitzen und die belegten Selleriescheiben darin kross anbraten.

Die weich gekochten Karotten und Kartoffeln abgießen und pürieren, mit Salz und Pfeffer würzen und zusammen mit dem Cordon bleu anrichten.

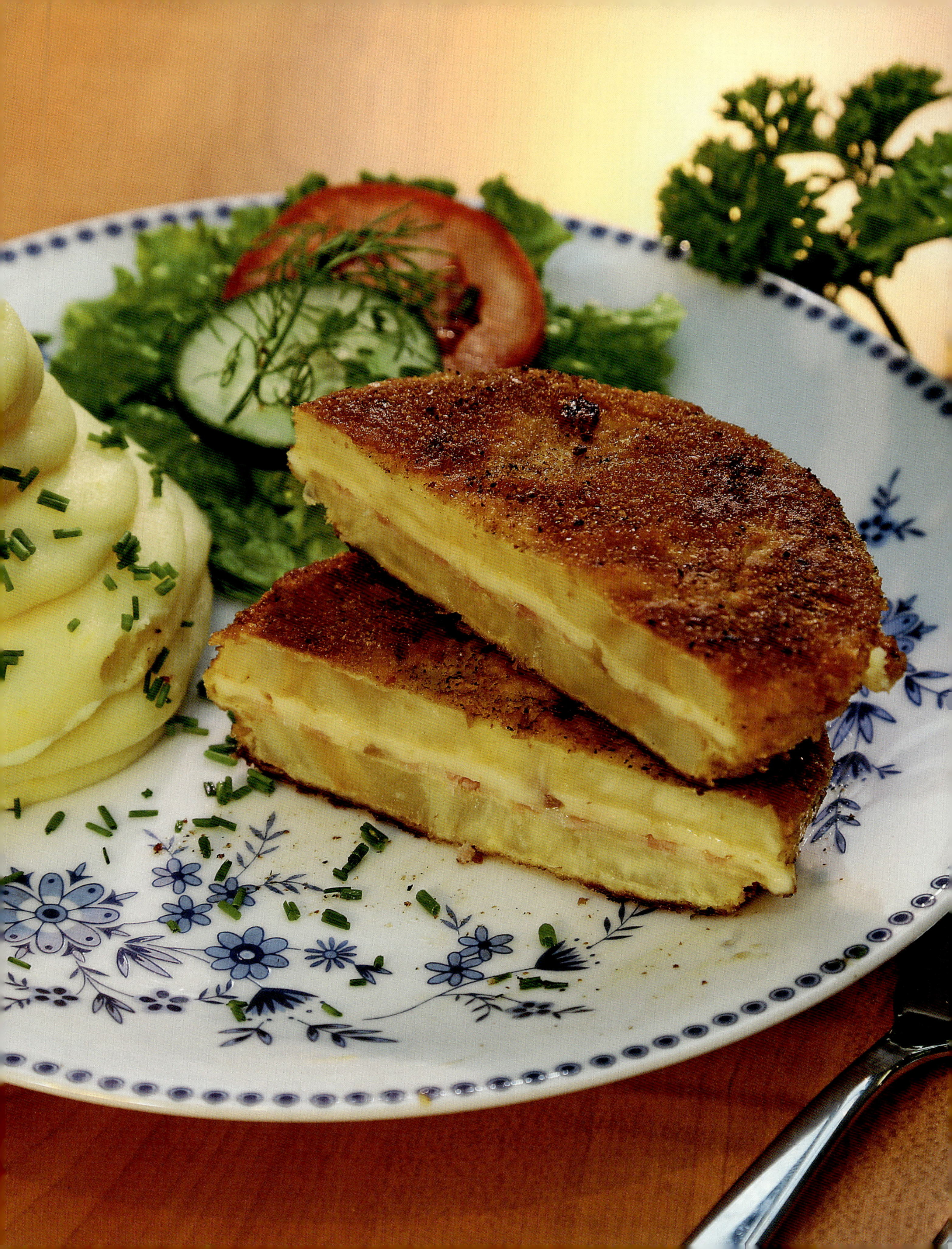

Soljanka

Carola Scholz

ZUTATEN (FÜR CA. 10 PERSONEN)

1 kg	Fleisch (Bratenreste, Kassler, Jagdwurst, Salami o. Ä.)
3	Zwiebeln
1 Glas	Letscho oder Tomatenpaprika
6	Gewürzgurken
2–3	hart gekochte Eier
1 Tube	Tomatenmark oder Ketchup
2	Pimentkörner
1	Lorbeerblatt
1 l	Wasser
	Salz
	Pfeffer
	Paprikapulver (edelsüß)
	Zitrone
	Saure Sahne
	Öl

ZUBEREITUNG

Zwiebeln, Fleisch, Wurst, Gurke und Eier würfeln. Fleisch und Wurst in Öl anbraten, danach die Zwiebel zugeben. Mit dem Wasser auffüllen, das Lorbeerblatt und die Pimentkörner zugeben und kurz aufkochen lassen. Die Gurkenwürfel und das Letscho zufügen und bei niedriger Temperatur 30 Minuten leise köcheln lassen. Dann die Eier zugeben und mit Salz, Pfeffer, Paprikapulver und Tomatenmark scharf abschmecken, nochmals 30 Minuten köcheln lassen.

Zum Anrichten die Soljanka in kleine Tassen oder Schüsseln füllen und mit einer Haube aus saurer Sahne und Zitronenscheiben garnieren.

Die Soljanka kann sehr gut schon am Vortag zubereitet und dann wieder aufgewärmt werden.

Tipp:
Falls die Soljanka nicht würzig und dick genug ist, einfach etwas Ketchup zugeben!

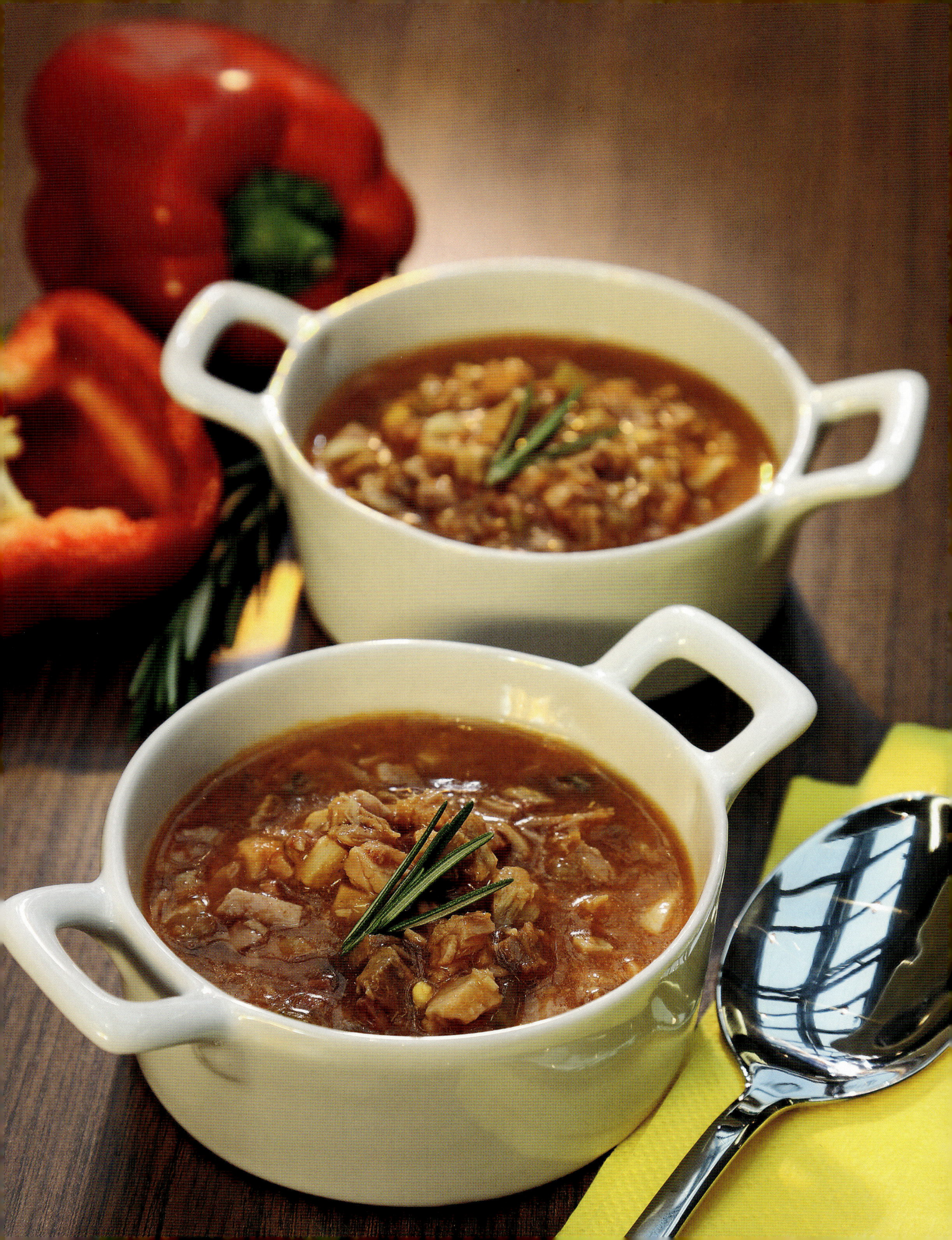

Spargelsalat

Andrea Kriegisch

ZUTATEN (FÜR 4 PERSONEN)

300 g	weißer Spargel geschält (schlanke Stangen)
300 g	grüner Spargel (schlanke Stangen)
200 g	Kirschtomaten, geviertelt
1	rote Paprikaschote, gewürfelt
2	Frühlingszwiebeln, fein geschnitten
2 EL	Balsamico, weiß
1 EL	Olivenöl
	frische Kräuter (z. B. Petersilie, Schnittlauch, Zitronenmelisse, …)
	Salz
	Pfeffer
	Paprikapulver

ZUBEREITUNG

Spargel waschen und schälen (grüner Spargel nur die unteren Hälften). Die Stangen in ca. 1 cm große Stücke schneiden, anschließend im Dampfgarer ca. 15 Minuten garen. Paprika, Tomaten und Frühlingszwiebeln waschen und ebenfalls zerkleinern. Aus Essig, Öl und Gewürzen eine Marinade herstellen. Spargel, Paprika, Tomaten und Frühlingszwiebeln unterheben. Den Salat mindestens 1 Stunde im Kühlschrank durchziehen lassen.
Dazu Baguette reichen.

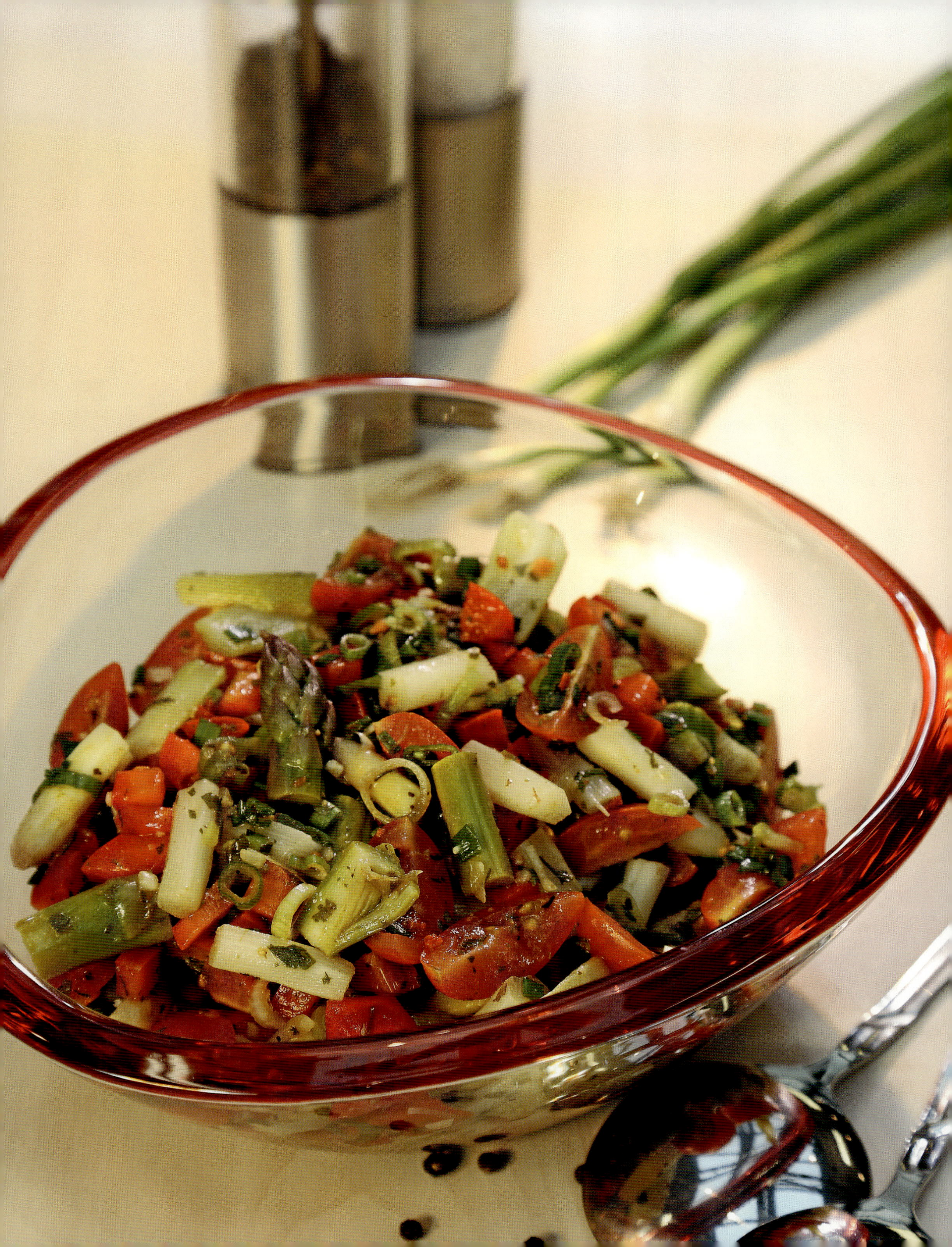

Tabbouleh – Tomatensalat mit Bulgur

Kirsten Wolber-Schieber

ZUTATEN

150 g	Bulgur feinkörnig (Weizenschrot)
7 (ca 650 g)	Tomaten
1 Bund	Petersilie, vorzugsweise glattblättrige
3	Schalotten
½	Zitrone (Saft)
2 TL	Salz
	Pfeffer
1 TL	braunen Zucker
6 Stängel	frische Minze oder
2 EL	getrocknete Minze
3–4 EL	Olivenöl
2 EL	Himbeeressig

Wer möchte:
Salatblätter
Cocktailtomaten
schwarze Oliven

ZUBEREITUNG

Den Bulgur in einer Schüssel mit so viel kaltem Wasser begießen, dass er gut bedeckt ist. Nach 30–40 Minuten den Bulgur durch ein feines Sieb abgießen und ihn gut abtropfen lassen, bis er ziemlich trocken ist.

In der Zwischenzeit die Tomaten klein schneiden, die Zwiebeln fein würfeln und die Petersilie hacken. Von der Minze einige schöne Blättchen für die Dekoration beiseitelegen. Die restlichen Minzeblättchen ebenfalls hacken.

Den Bulgur mit den klein geschnittenen Tomaten, gehackter Petersilie, fein gewürfelten Zwiebeln, Zitronensaft Himbeeressig, braunem Zucker, Salz und Pfeffer vorsichtig, jedoch gründlich vermischen.

Kurz vor dem Servieren Olivenöl und Minze unterheben und abschmecken.
Den Salat in einer flachen Schüssel, die mit Salatblättern ausgelegt ist, anrichten.

Mit den Minzeblättchen, dekorativ geschnittenen Cocktailtomaten und Oliven nach Belieben servieren.

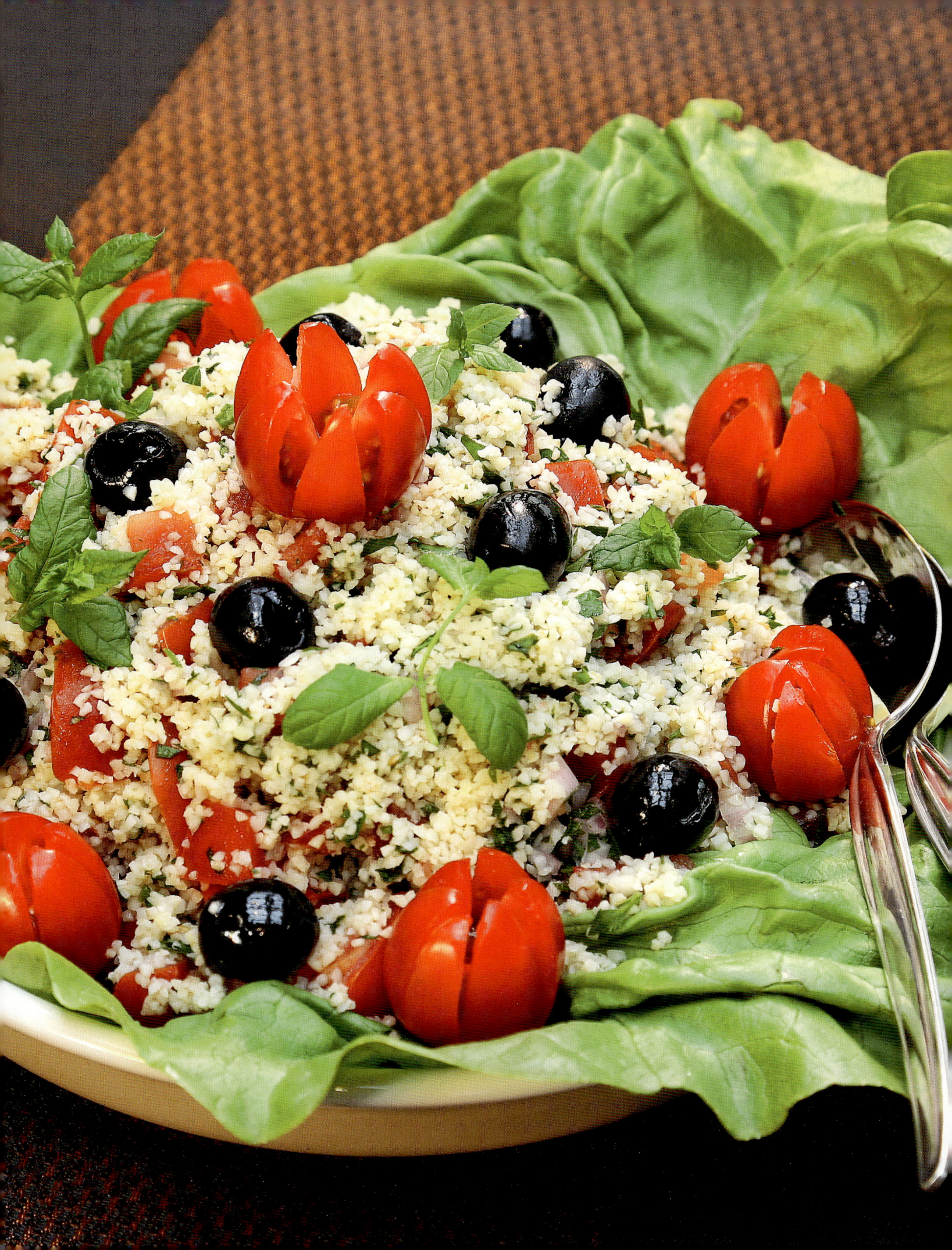

Tortellini-Salat

Irene Bischof

ZUTATEN

500 g	Tortellini
200 g	Gouda-Käse
300 g	Zucchini
300 g	gek. Schinken
300 g	Tomaten
2 Bund	Lauchzwiebeln
1 Glas	Salatmayonnaise
1 Becher	saure Sahne
3	Knoblauchzehen
3 EL	Milch
1–2 EL	Essig
2 Bund	Basilikum (wichtig!)
	gemahlener Pfeffer

ZUBEREITUNG

Tortellini in reichlich Salzwasser garen. Danach absieben und abtropfen lassen. Käse, Zucchini und Schinken in Würfel schneiden, die Lauchzwiebeln in Ringe, die Tomaten achteln. Alles in einer großen Schüssel vermischen. Mayonnaise mit saurer Sahne, zerdrücktem Knoblauch, Milch, Pfeffer, Salz und Essig verrühren. Anschließend über die oben genannten Zutaten gießen und etwas ziehen lassen.
Am Schluss die Basilikumblätter vorsichtig untermischen.

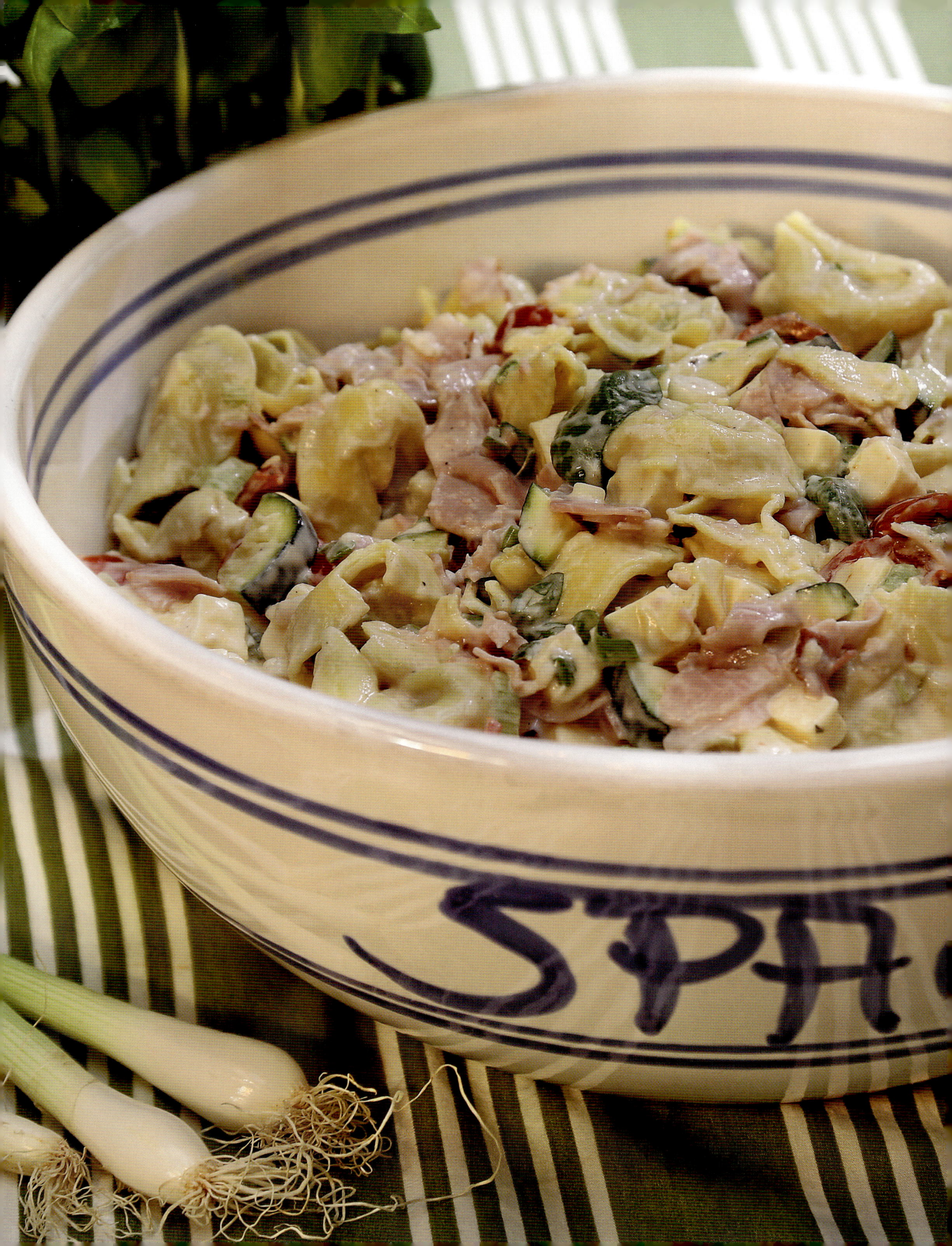
SPA

Überbackenes Nudelgulasch

Brigitte Bäuerle

ZUTATEN

400 g	Gulasch
1	gelbe und rote Paprika
100 ml	Rotwein
250 ml	Sahne
200 ml	passierte Tomaten
200 g	Nudeln
	geriebener Käse
	Salz
	Pfeffer
	Paprikagewürz

ZUBEREITUNG

Fleisch anbraten und zum Schluss die gewürfelten Paprika mit andünsten. Mit dem Rotwein ablöschen und kurz kochen lassen. Sahne mit den passierten Tomaten vermischen und unterrühren, anschließend würzen. Bei schwacher Hitze ca. 1 $\frac{1}{2}$ Stunden kochen lassen. Währenddessen die Nudeln kochen. Wenn das Gulasch fertig ist, mit den Nudeln vermischen und in eine Ofenform geben. Geriebenen Käse darüber verteilen und bei 175 Grad überbacken.

Weiße Schokoladenmousse mit Erdbeeren

Elvira Gall

ZUTATEN

Weiße Schokoladenmousse

3	Eigelbe
2	Eier
150 g	weiße Kuvertüre
3 Blatt	Gelatine
2 cl	Orangenlikör
300 g	Sahne
	Minzeblättchen

Zum Garnieren:

500 g	frische Erdbeeren, geputzt, leicht gezuckert, oder auch mit Orangenlikör leicht mariniert

ZUBEREITUNG

Die Kuvertüre klein hacken und im Wasserbad oder in der Mikrowelle langsam schmelzen. Die Sahne halb steif schlagen und kühl stellen. Die Gelatine einweichen und gut ausgedrückt zu dem Orangenlikör in einen kleinen Topf geben und bei niedriger Hitze schmelzen lassen. Die Eier mit den Eigelben im Wasserbad warm schlagen und die aufgelöste Kuvertüre zügig unterrühren.
Dann die Orangenlikör-Gelatine ebenso. Die Masse kalt schlagen und dann die geschlagene Sahne unterheben.

Die Schokoladenmousse in 16 Gläser oder kleine Becher geben und mindestens 1 Stunde kühl stellen. Die Erdbeeren auf der Schokoladenmousse verteilen und mit Minze garniert servieren.

Tipp:
Statt Erdbeeren können auch andere Früchte verwendet werden, je nach Saison.

Notizen